学びを創る・学びを支える

―新しい教育の理論と方法―

編著者　広石 英記

まえがき

　教師という仕事（教職）は、子どもたちと共に生活し、彼らの様々な学びを支援し、子どもたちの変容を見守り、その成長を自らの喜びとし、子どもたちとのふれあい（interaction）を通じて自らも成長していく「きわめて人間的な仕事」である。

　この生きた交流（live interaction）こそが教育であり、その成否は、子どもたちに直接関わる教師の資質・能力に負うところが極めて大きいといえる。そのため教師には、次代を担う子どもたちが、その背中を追っていけるような専門的な知識・技能、実践的な指導力、豊かな人間性が求められる。

　本書は、教職課程で学んでいる「教師を志す」大学生を主たる読者と想定して編まれている。無限の可能性と様々な課題をかかえている学校教育に教師としてたずさわることは、多くの充実した喜びとともに、重い責任を引き受けることを意味している。本書は、そのような教師を目指す人たちが「教育」や「学び」への理解を深め、教育実践への手がかりとなる「理論」と「方法」を提供することを意図している。

　今、学校は、大きな転換期を迎えている。AI や ICT の急速な発達とグローバル社会の到来によって、社会の予測不可能性は高まり（答えなき時代）、従来の職業観や能力観が大きく揺らいでいる。この急激な社会変化に対応するため、学校の主たる役割（機能）が、「知識や技能の伝達」から「未来の創り手となるために必要な資質・能力の育成」へと変わろ

うとしている。『学びを創る・学びを支える』という本書のタイトルは、この新しい時代に要請されている学校教育の新しい役割を象徴的に表したものである。

　学校の主たる役割が変わるということは、そこで行われている日々の教育活動も大きく変わる必要があることを意味している。しかし、それは近年よく耳にする「教授から学習へ」「受動的学習からアクティブ・ラーニングへ」といった教育方法の転換だけを意味するものではない。

　本書が「新しい教育の理論と方法」というサブ・タイトルを持つのは、ここに意味がある。教育目的の理論的考察を抜きにして、流行りの教育方法をやみくもに取り入れるだけでは、健康になるという目的を見失って、不健全なダイエットに夢中になる人と同じ「手段の目的化」という愚に陥る危険性がある。

　読者のみなさんには、誰のための何のための教育なのか、という教育の根底にある問いを深め、子どもたちの未来の姿を想い描き、その目標を意識した上で、「目の前の子ども」に最適な教育方法を構想できる大きな視野を持っていただきたいと願っている。

本書の構成（使い方）について

　本書は、教職に関する科目である「教育の方法と技術」や「教育課程論」、更には「総合的な学習の時間の指導法」などの教科書や参考書としての使用を想定して構成されている。各章は、教職コアカリキュラムの

項目を意識して編者がキーワードを選定した上で、各章の執筆者によって論述されている。授業で活用する場合は、章立にこだわらずに、授業の進行に合わせて巻末のコアカリキュラム対応表を活用して頂きたい。

　各章は、学校教育に関する独立したテーマを取り扱っているが、大学の 15 回講義を想定した章立がなされている。各章は、「はじめに」で章の概要が説明され、その後、章のテーマを 3 つ程の個別のキーワードで解説した後に、「おわりに」で批判的考察に触れるという構成を取っている。

　個別のテーマを通して、読者に教育の多面的理解を促すと共に、そこで理解された教育の理論や方法を、そのまま鵜呑みにせずに、読者の一人ひとりが、自らの経験に照らし合わせ多角的に考察し、自分のものにして欲しいからである。大人と子ども、教える者と学ぶ者、評価する者とされる者といった権力関係が潜在している学校では、なによりも自己批判的省察力こそが、教師として欠かせない見識であることを学んでもらいたい。

子どもたちの未来へ向けて

　教育の現場（教室）は、生徒と教材（文化）、生徒と教師、生徒同士など複雑な出会いが常に生起し、互いが互いを刺激し、学び合う生きた（ライブ）空間である。その意味で、教育にマニュアル的なものは、適用しがたい。

　私たちの学びを支援する営みによって、子どもたちは、日々の授業や学校の様々な活動を通じて、未知なる新しい世界（文化）と出会い、「知

ること・できること・つながること」の驚きや喜びを経験する。その豊かな経験によって自己変容（成長）し、更に広い世界へと関わってゆける勇気や希望を身に付けることができるのである。本書ではこれを「子どもたちの未来へ向けた教育」ととらえたい。

　子どもたちの未来へ向けて教育を考えるということは、一人ひとりの子どもたちの幸せな未来を願いながら学びを支援することを意味する。つまり、本書で論じられる教育の理論と方法は、子どもを序列化し、子どもたちを他者との競争へと駆り立てる成果主義的な教育方法とは異なり、子どもたちの「協同や共生という人間の幸せへ向かった学び」をいかに支援するかを示すことである。

　本書は、授業マニュアルを示すものではない。ここで示されているのは、子どもたちが、学校で充実した日々を送るために、読者である教師を目指す人たちが「分かる・身になる・楽しい授業」を実現するための、学びを支援する知恵と工夫のエッセンスである。それを具体的に目の前の子どもたちのために磨くのは、読者の経験によるほかない。

2020 年 1 月吉日

編著者　広石 英記

「学びを創る・学びを支える」
— 新しい教育の理論と方法 —
■ ■ ■ もくじ ■ ■ ■

第1章
教育の目的と方法

広石 英記

はじめに

　教育は、常に矛盾をはらんでいる。「先生や親の言うことをよく聞いて、立派な大人になりなさい」といった言葉を、よく耳にする。しかし、これは「大人の指示に従うことで、自立した人間になりなさい」という無理難題を子どもに強いているように、私には聞こえる。

　昨今のアクティブラーニングの隆盛においても、一部では能動的学習という演劇のために、生徒に従順な役者を強いている授業を散見する。他者の他者性（自由）を無視する行為（能動性の強要）は、教育の名に値しない。それは、権威を振りかざした教師が「考えずに覚えなさい！」と言うことと同じ暴力性を持っている。できれば教育の矛盾は、教師や親が抱え込み、子どもたちにそれを強要すべきではない。

　本章では、教育は誰のために、何のために行われるのか、といった「教育の目的」を考え、そこから立ち戻ってあるべき教育の姿を考察する。

第 *1* 節　教育の目的とは何か

1.　教育の目的を考える

　「誰のための、何のための教育なのか」という問いは、教師を志す者のみならず、教育に関わる全ての人に求められる問いである。私は、この問いに「子どもたちの幸せのため」「学ぶ者が、よりよく生きるため」「学習者の幸せに生きる力を育成するため」と素直に応え、そのための教育の在り方を考えたい。

　学習者の「幸せに生きる力の育成」を教育目的と定めると、教育の目標は、「子どもたち自身が、幸せに気づく知性や感性を身につけ、幸せに生きるための賢明な判断力や行動力を持ち、さらには他者と共により良い世界を創る力を身につけることを支援すること」となる。つまり、子どもたちが「幸せに生きる力やより良く生きる知恵を学ぶ」こと、そしてその「学びを支援する」ことが教育の目的（存在理由）となる。

2.　生き方につながる「学び」

　では、「学び」とは、何であろうか。ここでは、学校の学びも含めた一般的な意味での学びを考える。私は、学びとは、人間が様々な経験を通じて変わること、自己変容（経験の再構成）だと考えている。様々な経験を通じて「見方（知性）が変わり、感じ方（感性）が変わり、世界との関わり方（生き方）が変わる」ことを学びととらえたい。その中でも学習者が所属する共同体の期待する方向へ変容することを、私たちは肯定的に「成長」と呼んでいる。

　例えば、発展途上国の現状を知ることで国際経済の見方が変わり、貧困への感じ方が変わり、できる範囲でボランティアに参加するように生き方が変わる、といった具合である。また、汗を流してアルバイトを経験することで、お金に対する見方（有り難み）が変わり、経済的に援助している親に対する感じ方が変わり、親への言動などの関わり方が変わる、といったことは多くの学生が経験している学校外の学びである。

　大人になっても、歴史に興味を持って読書を重ね様々な知識を得ることで街並みや神社仏閣への見方が変わり、旅の意味が深まったり、草花に興味を持ち撮影した植物を図鑑で調べることを重ねることによって、登山の醍醐味が広がったりと、私たちの日常には、人生を豊かにする学びの機会が溢れている。

　学びとは、世界と豊かに関わり、世界への問いを深め、生きる意味を豊かにする経験の自己更新（バージョンアップ）といえよう。学びこそが、未知の世界への扉を開き、人生の意味を豊かにできる「人間らしい生き方」そのものである。その「学びを支援する」ことを、ここでは「教育」と呼びたい。

3.　教授から学びの支援へ

　明治時代に Education の訳語として「教育」という言葉が、論語を援用し造語されたことによって（言葉本来の「引き出す」というイメージは日本

では浸透せず）、日本では教育とは、「教えること」「知識を授けること」すなわち「教授」であるという思い込みが根強い。教師になることを「教鞭をとる」と表現していたことが、当時（明治時代）の教育のイメージを明らかにしている。

教育とは教授活動であり、教育方法とは教授方略であると考えると、教育の焦点は教師にあてられ、子どもたちは、教師の授業（学問）を授けられる器（受け皿）に見立てられてしまう。

しかし、前節で述べた通り教育の主役は、学ぶ者すなわち学校では子どもたちである。そして彼・彼女らは、なんでも注入できる器などでは決してない。子どもたちはみな、それぞれの好き嫌いなど多様な個性を持ち、自らが興味ある世界と関わりたいというエネルギー、未知の世界への好奇心（学びに向かう力）を持った個性的で能動的な学習者である。

教育とは、この多様な個性と知的好奇心に溢れた「子どもたちと世界（文化）との素敵な出会い（学び）」を支援する行為であり、子どもたちの幸せに向けた自己変容を支援する営みである。

教育に関する定義は、様々だが、ここでは「学びを支援する相互行為（interaction）」と考えたい。無論、「教える」ことは、学びの支援の主要な様態（スタイル）である。しかし、「教える」ことは、あくまでも「学びを支援する」在り方の一つであることを忘れてはならない。（ワークショップという学びでは、「教えない」ことが学習支援の基本である）

教えることに夢中になり、生徒の学びとの相互作用（interaction）を忘れ、教えることに特化した教育（一方的教授）は、子どもたちの疑問や自由な発想にいち早く蓋をして、学びの喜びを壊してしまう。

教育とは、「学びを支援すること」である。その意味で教育方法とは、子どもたちと世界（文化）との豊かな関わりを準備し、子どもたちをいかに「分かる、身になる、楽しい学び」へと導くかといった学びの支援へ向けた知恵や工夫のことである。

第 *2* 節　学びを見立て直す

1.　授業における三つの分かる

　学校における子どもたちの学び（自己変容）が成立するかどうかは、彼らにとって新しい知識や技能が、本当に分かり身に付いたかどうかにかかっている。私は、この「分かる」という理解の仕方には、授業場面において三つの段階があると考えている。

　第1は、「教えられた通りに分かる」段階である。これは、教材や教師の説明によって解説された「まとまりのある知識や技能」を、そのまま素直に学習者が受け入れる理解の段階である。全ての習得の第一歩は、まずは素直に受け入れること（受容）から始まる。

　ただし、この段階の理解は、新しい知識が、自己の全体的な認知構造（スキーマ）に統合されていない「浅い理解」であるために、容易に知の剥落（忘れてしまう）を起こしやすい。一問一答の暗記テストや、語彙説明などの単純な問いには対応できても、文脈を変えた応用問題には答えられないといった程度の理解である。

　第2は、「自分なりに分かる」段階である。この段階では、新しい知識は、自己の全体的認知構造の中に批判的に統合（認知構造が再編）され、既有知識との関連付けがなされた「深い理解」である。この段階の知識は、他の文脈において転移可能な（応用できる）知となっているために、様々な具体的な文脈においてもその知識や技能を活用することができる。生徒としては、自分なりに分かれば十分である。

　しかし、教師には第3段階の「教えられるほど分かる」が求められる。この段階の「分かる」とは、自分の認知構造に統合された「まとまりのある知識や技能」を、目に前の子どもたちの多様な認知構造（分かり方やレディネス）に合わせて自在に変換し、多様な説明を柔軟かつ即興的に実践できる「深くて広い理解」である。

教えられるほど分かるには、知の枠組みを自在に変換できる知識に対する多面的で多角的な深い理解と同時に、子どのたち（他者）の理解の枠組みを推察できる幅広い想像力や知的センスが求められる。教師には、多様な習熟度や興味関心を持った「目の前の子ども」の学びを支えるために、この深くて広い理解が求められる。

2.　ふたつの知識観

　教室における理解の在り方には、3 段階があるとして、その理解の対象となる「知識」は、どのようにとらえればよいのだろうか。知識の見立て方（知識観）によって、それを獲得する学びの見立て方（学習観）も異なってくる。現代では大別すると、知識や真理を考えるときに、ふたつの見立て方（知識観）がある。

【客観主義的知識観】

　第 1 に、客観主義的知識観である。この見方は、私たち日本人の常識に沿う考え方で「知識（真理）は、誰もが客観的に把握できる実体として普遍的に存在する」という考え方である。この知識観に立てば、学習とは教科書の中に記載されている既存の知識（真理）を、個人が習得することになる。客観主義的知識観においては、学力とは、個人に習得された知識量としてとらえられる。これは近代学校制度の暗黙の前提（大人と子どもの知識量の差）として広く普及している知識観といえる。

【構成主義的知識観】

　客観主義的知識観と鋭く対立する知識の見立て方が構成主義的知識観である。社会構成主義において「知識」とは、客観的でも普遍的でもなく、共同体のコミュニケーションで構成される暫定的で「間主観的な合意」ととらえられる。社会構成主義では、コミュニケーションの産物である知識（真理）は、コミュニケーションの中で常に構成・更新されるものとみなされるのである。

　この構成主義的知識観は、一見すると難解な抽象的理論のように思え

るが、実は私たちの現実生活をリアルに言い当てている。様々な学問分野では、日々専門家が研究に励み、学会という専門家の共同体で議論を重ね、知識（真理）の構成・更新に努めている。また、日常生活に目を向けても、私たちがネットワークを通じて知恵を出し合い、合意のもとに知識（真理）の構成・更新を行っているインターネット百科事典 Wikipedia などは、最も現代的で大規模な民主的参加型の社会構成主義的知識構築サイトと捉えることができる。

第 *3* 節　ふたつの学びの形

　このように知識や真理をどのように見立てるかによって、それを獲得する学習の在り方（スタイル）も大きく異なってくる。

【受動的学習、プログラム型の学び】

ふたつの学びの類型　　（知識感と学習観）
【客観主義的知識観・学習観】　プログラム型教育(適応志向・競争志向) 　抽象的・脱文脈的な知識の正答主義 ● 所与の知識・正解の暗唱と再現力(知識の量的蓄積) ● 計算や情報処理の正確さと速さ(正確で迅速な再現技能)
【構成主義的知識観・学習観】　プロジェクト型教育(創造志向・協同志向) 　現実的・文脈依存的な知識の構成主義 ● リタラシー(思考・判断・表現する＝活用力) ● コンピテンシー(仲間と生きる力)コミュニケーション力等

　客観主義的知識観に立てば、学習とは、既存の客観的な知識を個人がなぞる（模倣、暗記）ことであり、学力とは個人が貯える知識量（知識は個人の頭の中にある）ととらえられる。様々な文化（学問）領域で権威づけされた知識（真理）は、その体系性によって教科書に整理されている。教師は、教科書に従って子どもたちに知識を教授し、子どもたちは、それを

受容する。客観的知識観に基づくと、この一方向の教授と受容という「知識の伝達」が教育であり、プログラム型の受動的学習が学びの基本型とみなされるのである。

　この受動的学習では、習得された知識は、ペーパーテストによってその再現性・正確性が試され個人の学力として評価される（競争志向）。今までの日本の学校教育は、基本的にはこの受動的学習（プログラム型教育）によって成立していたといえる。

【能動的学習、プロジェクト型の学び】

　一方、知識（真理）とは、暫定的な合意にすぎず、常にコミュニケーションによって更新される必要があり、その社会的な知の構成（創造）に参加できる資質・能力こそが人間として大切な力だと考えると、学びの理想的な在り方は一変する。

　構成主義的知識観の立場に立てば、学習とは、学習者自身が他者や環境との相互作用を通じて知識を社会的に構築していく過程（相互作用）に参加することと見立て直される。この立場では、学習は「人間が社会的に知を構成していく協同実践への参加」としてとらえられ、学習そのものが、知の構成への参加という極めて能動的活動（プロジェクト型教育）としてとらえられるのである。

　この能動的学習スタイルの典型例として、現在米国で普及しているPBL（Project-based Learning）という学習スタイルが挙げられる。PBLを中心に展開している学校（例えばミネソタ州を中心にチャータースクールを展開しているエドビジョン系列校）では、PBLが学校教育に全面的に適応され、数学以外の教科授業は行われず、時間割のほとんどが生徒自身が自律的に取り組むプロジェクトにあてられている。

　PBL実践校では、生徒が興味関心のある課題を探究するプロジェクトを、教師が多面的にアドバイスすることで、各教科の州のスタンダード（履修基準）を修得できるようにサポートしている。プロジェクトベース学習の様々な経験を通じて、探究活動に必要な知識や技能を身につけるとと

もに、コミュニケーション力や批判的思考力などの社会で生きる力（コンピテンシー）の育成が目指されているのである。

第 *4* 節　学びの動的構造

　このふたつの知識観と学習観は、一見鋭く対立し二者択一を教育者に迫る考え方のように見える。しかし、このふたつの学びを"つなげる"こと、ふたつの学びを「学びの構造」の中で捉えなおし、ふたつの学びを連関させることによって、学びのダイナミックな動的連関構造が見えてくる。学びという自己変容には、少なくとも図のような習得・活用・探究といった学びのフェーズ（段階・局面）を想定できよう。

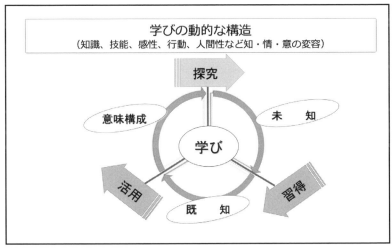

　まず未知の状態から、ある知識や技能を学び既知の状態へ自己変容する「習得」という学びのフェーズがある。様々な文化領域において、既存の文化に参加するためには、基礎的リテラシーを個人が習得している必要がある。この段階は、学ぶ＝まねぶ（模倣する）段階であり、習得型の受動的学習という学びの様態（スタイル）が適切に機能する。人が、様々な「文化にアクセスする」ために必要な鍵としてのリテラシー（例えば、

読書算）を「習得する学び」の局面と考えられる。

　しかし、学びはこの習得の段階にとどまらず未知から既知となった知識・技能を用いて思考・判断・表現することによって新しい意味構成に挑む「活用する学び」のフェーズがある。もし授業の中で、良質なパフォーマンス課題（京都大学の西岡加名恵氏が提唱している実践的な学びの手法、章末参考文献）などによって、この活用の学びが授業で上手く実現できれば、生徒たちは、習得された知識や技能の有用性を具体的文脈（課題）において体験でき、学びの意義（レリバンス）を実感できる学びのフェーズである。

　そして3番目の学びのフェーズとして、学びの深化によって新たに見えてきた未知なる問いへと進む「探究する学び」の局面がある。学びは、常に新しい問いを拓き続けるともいえよう。

　近くにある低い山に登ってみると、今まで見えていなかった遠くの高い山が見えてくる。このように学びには終わりはなく、学べば学ぶほど、問いはより深まるのである。この学びのフェーズは、自らの興味関心のある問いを探究する主体的な学びの局面といえよう。

　習得・活用・探究（武道では、守・破・離）という学びのフェーズ（局面）は、個人が取り組んでいる様々な学習課題ごとにスパイラル状に連なり、互いに連関しながら同時並行的に駆動していると考えられる。このように習得型の受動的学びと活用・探究型の能動的学びは、自己変容という学びの動的連関構造に位置づけることによって、相互に連なる学びの局面であることが理解できる。

　一般的に初等・中等教育では習得型の学びを中心に行い、活用や探究型の学びは、高等教育で行われるべきだといった議論がある。しかし、私はそうは考えない。知識や技能は、単に蓄えるだけでは、試験のための学びに過ぎない。学んだ知識や技能を活用し、知の有用性を実感することによって、初めて学びの真価が学習者に実感されるからである。

　無論、知識・技能を活用するパフォーマンス課題の設定や探究学習の課題設定（問いのデザイン）では、学習者の習熟度（レディネス）を考慮す

べきである。しかし、年齢や学校種にかかわらず人間の学びの構造は同じであり、この学びの動的連関構造は、あらゆる教育（学びの支援）において、尊重される必要がある。

おわりに（学校化した学びの問題）

　学びは、習得・活用・探究という動的連関構造としてとらえられる。しかし、習得から始まる「学校化した学び」（schooled learning）は、多くの問題をはらんでいる。例えば、生徒にとって学ぶ必然性を感じない学習単元（知識・技能）を教科書（プログラム）通りに教授される受動的学習では、学びの意義（自分と学習内容との関わり）は見えにくく、学習意欲は湧きにくい。

　また、一斉授業方式のプログラム型教育には、学びの意義や醍醐味を実感できる活用・探究する学びの機会が決定的に欠けているといえよう。その意味で、教育手法を工夫することで、生徒の学習意欲を喚起し、学びのスパイラルを活性化させる工夫や知恵が必要なのである。

　次節で考察されるデューイに代表される前世紀の思想家は、みなこの学校化した学びの問題性を鋭く追求し、新しい学びの可能性を開いた先駆者たちである。この革新的な学びの創造者たちが耕した思想的土壌の上で、今の国際的な教育改革動向が成立しているといえよう。

【参考文献】

ケネス・J・ガーゲン（伊藤守訳）『現実はいつも対話から生まれる』
ディスカー・トゥエンティワン、2018 年

西岡加名恵　『Q&A でよくわかる！「見方・考え方」を育てるパフォーマンス評価』
明治図書、2018 年

広石英記　『教育方法論』
一藝社、2014 年

佐藤公治　『対話の中の学びと成長』
金子書房、2007 年

第 **2** 章
革新的な学びの創造者たち

馬上 美知

はじめに

　本章では、一斉授業に代表される伝達的な教育を批判し、それに代わる教育方法として主体的な学習を提示した 4 名の教育学者、ジョン・デューイ（John Dewey:1859 ～ 1952）、ウィリアム・キルパトリック（William Kilpatrick:1871 ～ 1965）、イヴァン・イリッチ（Ivan Illich:1926 ～ 2002）、パウロ・フレイレ（Paulo Freire:1921 ～ 1997）を取り上げ、その方法と理論の要を紹介する。

　教室と呼ばれる部屋に、同じ年齢の多数の子どもたちが全員前方を向いて机に座り、視線の先には黒板と一人の教師がいる。教師は話し、黒板に内容を記す。子どもたちはそれを聞き、ノートに鉛筆を走らせて内容を書き留めていく。

　私たちの多くが経験している一斉授業の教室風景は、伝達を主としている。つまり、学ぶべきことを既に知っている教師が、それを知らない多くの児童生徒に伝える、というスタイルである。

　しかし、近年こうした教育の在り方については、進展するグローバル化や技術革新など、世の中の変動に柔軟に対応する力を育成しきれないであるとか、暗記学習であるため知識が簡単に剥落し、生きて働く知になっていないといった批判があり、画一性や受動性が問題点として指摘されている。そこで新たな学びの方法として注目されてきているのが、自ら学ぶ姿勢を重視する主体的学習である。

　本章で取り上げる 4 名の教育思想家は、まさに学校教育の画一性や受動性を問題視し、学習者自身の積極的な学習参加を目指した教育理論を前世紀において展開した先駆者たちである。

第 *1* 節　ジョン・デューイの問題解決学習

1.　略歴

　デューイは、進歩主義教育の主導者と目される人物である。田中智志によれば、進歩主義教育には「子ども中心主義」「社会的再構築」「効率主義」の三つの思想があり（『社会性概念の再構築』東信堂、2009 年、8 ～ 9 頁）、デューイの思想は、既存の産業システムへの適合を批判し、「社会的再構築」を目指すものとして特徴づけられる。

　1859 年にアメリカの北東部の湖畔の町、ヴァーモント州バーリントンで生まれ、1952 年に 92 歳で亡くなるまで、心理学、哲学、教育学にまたがり、多くの著作を残している。

2.　小社会としての学校

　デューイは学校を小さな社会として構想し、学校を取り巻く現実の社会を大きな社会と捉えた。それは、学校と社会の連続性を重視し、学校が社会生活を反映する活動的な場であると同時に、より良い社会を構築する場であることを意味した。

　小学校段階で学校教育を終える者が大半の時代、子ども達にとっては学習内容が生活にどう役立つかが重要であった。そこで、学習内容を子どもの生活と結びつけることで学習に興味を持たせ、成人後の生活でも必要な社会的な力や洞察力といった、行為に結びつく知性を育成しようというデューイの提案は、教科書と教師を中心とし、機械的な反復による暗記学習が学校教育の主流を為す中で、先進的なものであった。

　子どもとは、猛烈に活動的な生き物であり、知識は行為と結びついてこそ意味があると考えていたデューイは、従来の学校教育が要求した機械的反復や受動性が本当に嫌いだったようで、きっちりと机の並んだ教室風景を詳細に描写しつつそのことを批判している。（『学校と社会』42 頁）

また、1890 年に工業生産高が世界一となった当時のアメリカ社会における、資本家の専横や賃金労働者への搾取構造、移民への差別、貧富の格差拡大等に対し、「現在の社会の産業構造は、これまでに存在したあらゆる社会と同じように、不公平に満ちている。不当な特権や不当な搾取を永続させることではなく、それらを矯正する過程に参加することこそが進歩教育の目的である」（『民主主義と教育』（上）193 頁）と述べ、産業社会が人として生きることの根幹を切り崩していることへの危機感と、学校の社会的役割への希望を抱いていた。

　さて、生活と結びついた活動の中で知性を育成しようとすることを、デューイは「為すことによって学ぶ（learning by doing）」と言い表した。

3.　為すことによって学ぶ ―課題解決学習 ―

　何を為すかといえば、例えば実験で必要な試験管立てを木で作ったり、調理したり、毛布を作成したりなど、子どもたちが自身の興味や関心を寄せることである。教師には、子どもたちがこうした生活と関わりのある活動にせっせと取り組む中で、計算や文字の読み書き、地理や歴史といった教科的知識を学ぶように、授業を準備することが求められる。それに対して子ども達の活動は、すでに発見された最適な方法をなぞるのではなく、最適な方法を自ら見出していくことが求められた。半熟卵を作りたいとすれば、料理本に載っている料理法に基づいて料理するのではなく、どうすれば白身は固く、黄身がとろりとした卵が作れるのかを、自分たちで試行錯誤しながら、発見していくのである。その過程では、仮説、実験、結果の検証という一連の思考活動の後、より良い結果を出すために、結果に基づく次なる仮説が生じ、次なる実験と検証がなされ学習が継続する。子ども達は、活動の躓きや疑問を、自分たちで解決していく中で、問題を解決するために必要な知識や論理的で反省的な思考能力を獲得し、かつ問題を考察する習慣を身に付けていく。今日では、このような学習手法は、課題解決学習と呼ばれている。

さらに、通常の学校は知識の多寡を競争する場であるために、隣の席の子に何かを教えることは、その子の義務を免除する罪となる。しかし、自ら課題を解決していく活動的な作業が中心となる学校では、何かを隣の子に教えるということは、各自の以前の成功と失敗を交換することであり、活動を推進する援助となる。それは、自らの知見や適性を仲間のために発揮できる相互依存的で相互扶助的な社会 — デューイが目指す民主主義社会 — を体現しており、為すことによって学ぶ中でこそ民主的社会の構成員となる資質が養われると、デューイは考えていた。

第 2 節　ウィリアム・キルパトリックのプロジェクト学習

1.　略歴

　キルパトリックは、デューイの課題解決学習を発展的に継承した人物である。デューイに遅れること 12 年の 1871 年にジョージア州ホワイトプレーンズに生まれ、数学と天文学を大学で教える傍ら、デューイの著作に触れて感銘を受け、教育への関心を深めていく。1918 年に発表した「プロジェクト学習」は、日本を含む多くの国の教育に影響を与えた。

2.　プロジェクト学習の目的

　キルパトリックは、デューイの示した教育理論の内容や方法の具体化を目指して「教育とは生きるに価値ある生活を学習させる」（『教育哲学』256 頁）ことであるとし、「活動と教科」や「個人の関心と既存の体系的カリキュラム」など、二項対立的な教育理論を現実生活をフィールドとする「プロジェクト学習」において統合させようとした。

　つまりキルパトリックにおいては「価値ある生活」をすることが「価値ある教育」を意味するのだが、それは、例えば「学校で自力でドレスを縫いたい」など、自身の置かれている社会的状況の中で、十分な考慮や計画、努力や情熱をもって行う「目的ある活動（purposeful act）」によっ

て成り立つ。その際、目的のために手段を選ばずというのではなく「自己の生活と、価値ある社会の目的との絶えざる調整をなす」（『プロジェクト法』17頁）ことが必要であり、それをすることのできる人間こそが民主的社会を支えると考えた。それ故、運命や偶然がもたらすものに期待し、上から押し付けられた計画に従い、他人の目的を隷属的に受け入れて行動するよう習慣づけられた受動的人間＝産業社会における労働者は、民主的社会を支え得ないと批判する。

　このようにキルパトリックは、民主的市民としての態度能力の形成を目的とする活動的学習として「プロジェクト学習」を提示する。

3.　プロジェクト学習の方法

　プロジェクト学習の指針となるのが、「価値ある生活」を構成する12の価値指標と、4領域の学習内容である。

　12の価値指標とは、①身体的健康、②精神的完全性、十分に適応した人格、③満足のゆく人間関係、④責任ある自己として選択する機会、⑤有意義な仕事、⑥創造する機会、⑦活動の継続（新たな展望が得られるように活動する）、⑧興味の範囲（価値ある興味の追求）、⑨美学、⑩音楽、⑪適切な社会的生活の過程、⑫宗教（超自然的なものではなく、人間が最高の価値を認める精神、生活の目的、安定、希望の基礎となるもの）である。（『教育哲学』257～274頁）教師は、子ども達の実践に沿って、価値の実現を促すと共に、知識・技術の習得を励ますことが求められる。

　また学習内容は、①ボートを作るなど、計画を必要とし目的が目に見える形で現れるもの、②音楽や絵画を鑑賞したりして、審美的経験を享受することが目的となるもの、③霜が降るかどうかを予知するなど、知的な課題を解決することが目的となるもの、④ドリル学習のような、物事の習熟や知識をある程度取得することを目的とするもの4つに分類される。（『プロジェクト法』49～50頁）それぞれが独立してあるというよりは、あるものが他の目的の手段となるなど、相互に重なり合うものではある。

また、それぞれのプロジェクトは、①目的を設定し、②目的を達成するための計画を立案し、③実行し、④その結果を評価、判断するという4段階の過程を経るものとされる。

4.　プロジェクト学習における教師の役割

　プロジェクト学習は、学習活動として何をするのか、子どもの関心を重視しつつも、それに任せてしまうことは決してない。何を目的とするのか、提案は子どもがするが、その目的が価値ある目的かどうかは、教師が判断し決定する。つまり、簡単に達成されてしまうようなものではなく、粘り強く継続的に努力することで達成されるような目的なのか、教師が判断する必要がある。そして、教師は価値指標を参照しながら、活動の程度や内容に応じて指導をするのである。

　しかし、どのタイミングで声掛けをし、どの場面で方向性を修正したり注意をしたりするのかは、プロジェクトの内容や子どもの状況、教師の力量や資質によって異なる。そのため、プロジェクト学習における指導には、教師用指導書のようなマニュアルはないのである。

第 *3* 節　イヴァン・イリッチのオルタナティヴ教育

1.　略歴

　イリッチは、自律的で創造的に生きることを挫折させる産業社会の典型として学校教育制度を批判し、別様の教育を示した人物である。

　1926年ウィーンに生まれる。母親がユダヤ系であったため1941年にイタリアへ移住し、自然科学と哲学、神学を学ぶ。1951年に聖職者としてニューヨークへ渡り、プエルト・リコ系住民が多く住む地区の助任司祭を5年間務める中で、同化を進めようとする善意のニューヨーク市民の慈善としての振る舞いが、プエルト・リコ系住民にとっては、信念や価値観の軽蔑を伴った押し付けとして反感を受けていることを知る。ラ

テン・アメリカの近代化政策に批判的な立場をとり、1961 年にはメキシコで、産業化社会を批判的に検討する研究の拠点を開く。

2. 学校化された社会 ―価値の制度化―

イリッチの批判の対象は、産業化社会とその文化や習慣であり、その要は「価値の制度化」という状況にある。この状況を象徴的に示しているとして取り上げられたのが、学校制度であった。

学校での教育が、国家からの財政支援を背景に義務教育制度として確立されることは、労働や市民生活など、生きるに必要と思われる知識や技能、習慣の伝達を学校にまかせてしまうようになることを意味する。結果として学校が教育を独占することになるのだが、そうなると、教育を得るためには学校に行かなければならなくなり、制度への依存が始まってゆく。また、義務であることにより、学校教育を受け（られ）ない者は参加するべきことに参加していない存在として非難される一方、より多くの教育を受けた者ほど、より多くの恩恵を得られるという期待が持たれ、さらなる教育を得ようとする。

イリッチは、このような今日の社会における学校は、一まとまりにパッケージ化されたカリキュラムに基づく学習を、商品として消費する場所であり、学校制度は学習を商品として生産すると同時に学校教育への需要を生産する装置だと批判する。

つまり、独力で学ぶという、学校制度の外で学ぶ選択肢は実質的に存在できず、自律的な学習は学ぶべきことを本当に学んでいるのか周囲から信用されなくなる。結果として、学校制度なしには学ぶことも、生活することもできなくなるということである。

上記のように、学習や健康など直接触れるこのできないものが価値付けされ、その価値が制度的に生産される状況をイリッチは「価値の制度化」と名付けた。また、社会全体が学校制度における学習のように、制度による世話と終わりなき消費という受動的な生き方に全く疑問を持たない

状況にあることを、「学校化された社会」と批判したのである。

3.　脱学校化された社会へ─　オルタナティヴな学び─

　生活の隅々までサービスを与えられ、それを消費する、生産と消費の生き方は、資源の枯渇と環境汚染に行き着く。イリッチは、望ましい未来は消費生活ではなく活動の─自発的で自律的でありながら、お互いに関連しあっていくことのできる自律共生的（convivial）な─生活を選択できるかどうかにかかっていると考える。そのための最初の一歩が、学校制度の改変であった。

　イリッチは、「学校は人々に自らの力で成長することに対する責任を放棄させることによって、多くの人々に一種の精神的自殺をさせる」（『脱学校化社会』117頁）ものであり、「私が尊重する学びは測ることのできない再創造なのである」（『脱学校化社会』82頁）とする。

　学ぶということは、他人による操作を最も必要としない活動であり、教科に分断され到達度を他者と比較されるような、測定できる実態をもたない。このようになりたいという、目標とすべき存在に出会い、自らで自らを育成していくことと捉えられている。

　このような自律的な学びのためにイリッチが提案したものが、学習ネットワーク（learning web）という学習制度であった。イリッチの学習ネットワークというものはスローガン的な提案であったため、具体的な実践には遠かった。しかし、従来の学校教育に代わる教育方法─オルタナティブ教育─の思想基盤となった。

　今日におけるオルタナティブ教育には、資金は行政が出すが、教育目標やカリキュラムは保護者や地域住民によって決定・運営されるという公設民営のチャーター・スクール、家庭で保護者が教育をするホームスクール、学校というコミュニティにおける協同と自己決定、尊厳や正義、平等といった民主的価値を重視し実践するデモクラティック・スクール、不登校児を対象としたフリー・スクール等、様々なものが生まれている。

第 *4* 節　パウロ・フレイレの**批判的リテラシー**

1.　略歴

　フレイレは、1921 年にブラジルに生まれ、消費と受動的生き方を余儀なくする産業化社会に対する批判をイリッチと共有した。ブラジルの大地主制による社会格差を目の当たりにして独自の識字教育を行い、貧困にあえぐ人々の非人間的な抑圧からの解放を目指した。

　1968 年に出版された『被抑圧者の教育学』は、今日では 17 カ国語に翻訳され、読み継がれてきている。

2.　批判的リテラシーとしての識字

　フレイレにおいて、文字を読むという行為は、そこに書かれている言葉を読み解くことだけを意味するのではない。文字を読むということは、自らが置かれている世界を読む、つまり世界を解釈することを意味する。

　世界を解釈するためには、生まれ落ちた状況の中で漫然と生きることは許されず、自分をとりまく状況や、そうした状況に生きている自分自身にも意識を向け、それらと対峙する必要がある。フレイレはこれを「意識化」と呼び、識字とは「意識化」を意味した。さらに「意識化」は、自分を取り巻くその状況が、なぜそうなのか、それでよいのか、と疑問の目を持つことを促し、改善のために世界に働きかけていくことが目指される。このような「意識化」を目指すフレイレにおける識字は、批判的リテラシーと呼ばれる。

3.　預金型教育と問題提起型教育

　フレイレは、上記のような批判的リテラシーは、非対称な権力関係を前提としてなされる伝達的な教育によっては育成できないと考える。伝達的教育は、伝えるものの価値も意味も、伝える側が決定する。それ故、

支配階級の価値を再生産するに過ぎないものとなる。また、受け取る側はただ機械的にそれらを暗記することを求められるため、受動的にならざるを得ない。それでは、状況を変えていくような世界との関わりとなる、批判的リテラシーは育成されない。フレイレは伝達的教育を預金型教育と呼び、状況の中に問題を見出す批判的リテラシー教育を問題提起型教育とした。そして、自身の日常を切り取った写真や絵に何が見えるのか、仲間とともに対話しながら、目に見えていない状況も含めて「読む」ことを識字教育の要の活動に置いたのである。

おわりに（社会構想と教育改革）

　本章で紹介した教育思想家に共通することは、彼らが産業構造の変化と市場経済の拡大の中で露わになってきた、有用性指向や消費的受動的生活、非人間的状況を問題視し、よりよいと考える社会の構築や状況改善のために主体的な学習を要とする教育を構想したということである。

　今日の教育改革の方向性となっている「主体的で対話的な深い学び」は、彼らが提起した教育方法から少なからぬ影響を受けている。しかし注意するべきは、昨今の教育改革においては、方法論的方向性は示されつつも、その先の目指すべき社会の在り方は明示されていないということである。

　どのような生き方を望み、そのためにはどのような社会が望ましいのかという視点と切り離された教育方法は、改善や吟味のための視点を、経済的有用性だけに依って持つことに繋がりかねないのではないだろうか。その点を改めて考えるにあたり、本章4名の思想は非常に参考となるだろう。

【参考文献】

イリッチ, イヴァン (東洋・小澤周三訳)『脱学校の社会』
現代社会科学叢書、2017 年

里見実『パウロ・フレイレ「被抑圧者の教育学」を読む』
太郎次郎社、2018 年

田中智志・鈴木美保『プロジェクト活動―知と生を結ぶ学び』
東京大学出版会、2012 年

デューイ, ジョン (市村尚久訳)『学校と社会・子どもとカリキュラム』
講談社学術文庫、1998 年

パウロ・フレイレ (三砂ちづる訳)『被抑圧者の教育学』
亜紀書房、2018 年

メイヒュー, キャサリーン他 (小柳正司監訳)『デューイ・スクール』
あいり出版、2017 年

第 **3** 章

新しい資質・能力と
教育方法の刷新

広石 英記

はじめに

　グローバル社会の到来、AI やロボット、ICT などの急速な発達にともない産業構造や就業形態は激変している。この急激な社会変化に対応するために、社会から求められる人間の能力も大きく転換してきた。それに応じて学校の主たる役割（機能）が、従来の「知の伝達」から「未来の創り手となるために必要な資質・能力の育成」へと変わりつつある。

　学校の役割が変わるということは、そこで行われる日々の教育活動も大きく変わる必要があることを意味している。本節では、時代の激変によって求められるようになってきた新しい能力の内実を考察すると共に、能力観の転換によって学校教育に要請される教育方法の刷新（新しい学びの支援方法）の具体的な中身を考察する。

第 *1* 節　激動する社会と新しい能力

1.　知識基盤社会、グローバル社会の特徴

　ICT の飛躍的発達により、今日あらゆる「情報」は、ネットワーク上で「いつでも、どこでも」検索・共有・発信ができる。また、AI の登場により、膨大な情報（ビッグデータ）から有意味な情報を検索・分析・処理することも瞬時に可能となっている。自動運転のような比較的単純な仕事はもちろん、高度な知的判断を要する仕事（難易度の高い手術）でさえ、AI やロボットに代替されるという予測が現実味を増しつつある。少なくとも、膨大な情報が更新され続ける知識基盤社会の到来によって、個人が情報を記憶し知識を所有する有意性は崩れ、学校の主たる機能であった「知の伝達」の意義が根底から揺らいでいる。

　一方で、価値観の異なる多様な人々が現実的に共生せざるえないグローバル社会の進展は、欧米で見られるように寛容の精神を生む一方で、その反動として反移民運動や極端な自国中心主義を先鋭化させ、様々な国

際紛争はむしろ増加している。約束された明るい未来など見えない、まさに予測不可能な時代の到来である。

2. 変革を起こす力のあるコンピテンシー

　OECD では、1990 年代に入って知識基盤社会、グローバル社会に求められる能力の開発が、従来の教育では不十分であるとして、21 世紀に必要な能力として「相互作用的に手段を活用し」「自立的に行為し」「多様な人と共生できる」新しい能力概念（いわゆるキー・コンピテンシー）を明らかにしてきた。

　そしてその中のカテゴリー 1 の「相互作用的に手段を活用する力」である各種リテラシー（読解力、数学的、科学的リテラシー）を定量的に評価するために PISA テストが開発され、世界的な教育改革の具体的指標として注目されてきた。日本でも、その結果にマスコミが大きく反応（ゆとり教育批判）し、その度に教育行政は翻弄され、学習指導要領の改訂の方向性にも大きな影響を与えてきた。

　　このような国際的な教育改革動向の背景には、多くの国々の教育関係者が、予測不可能性の高まる現代社会における地球規模の諸課題に対する危機感を共有していることがあげられる。

　その最新版である **Learning Framework 2030** では、「VUCA」(不安定、不確実、複雑、曖昧性) が増大し、予測不可能性が高まってきた世界状況を受けて、若者がこれからの世界を切り拓いていくためには、創造性・批判的思考力・責任感・強靱さ・協働などを構成要素とした「変革を起こす力のあるコンピテンシー」の育成が必要であると結論づけている。そしてそのコンピテンシー（資質・能力）の内実を「新たな価値を創造する力」「対立や葛藤を克服する力」「責任ある行動をとる力」の 3 つに分類して説明している。（章末の URL 参照）

3. 新しい能力の特徴 ─人間の全体的能力

「変革を起こす力のあるコンピテンシー」という言葉に代表されるように、21世紀に入り先進諸国では、「コンピテンシー」「PISA リタラシー」「社会人基礎力」など新しい資質・能力を示す多様な用語が生み出されてきた。新しい能力概念の隆盛は、これからの社会に必要な「能力」が、従来の日本の「学力」という枠組みでは到底とらえられない広範囲な資質・能力を表現していることを意味している。

これらの新しい能力概念に共通する特色は、従来の学校教育の主たる教育目標であった認知的な能力（学力）だけではなく、対人関係能力やマインドセット（心構え）など人間性にまでおよぶ「人間の全体的な能力」を含み、そうしたいわば見えにくい資質・能力を教育目標（学習が可能な資質・能力）として位置づけていることである。

先の Learning Framework 2030 では、このコンピテンシーの説明として、「異なる考え方を持った人々と協働すること（中略）課題に対する複数の解決策を把握すること」「複雑な要求に応えるために知識やスキル、態度や価値を動員すること」「認知スキルやメタ認知スキル、社会的および情意的スキル、実用的および身体的スキル（ICT 機器の利用）を含めた幅広いスキルを含む」といった説明がなされ、コンピテンシー概念が持つ、人間の実践的で全人的な能力の持つ機能（異質な人々と協力して課題解決に取り組む力）が描かれているのである。

4. 世界と豊かに関わり、より良い世界を創る力

では、知識・技能の習得にとどまらない実践的で全人的な資質・能力を表しているコンピテンシーは、なぜ必要なのだろうか。Learning Framework 2030 では、「教育には、持続的な未来を作りあげていくことに貢献できる知識やスキル、態度および価値を育成していく役割があり」、その教育は「働くための準備をすることだけが目的ではなく、前向きで責任ある行動をとり、積極的に社会参画する市民となるためのスキル」

を育成することが重要であると述べている。

　コンピテンシーの説明に際して、「未来を創る」「責任ある行動をとる」「社会参画する」といった前向きな動詞を用いることによって、コンピテンシー概念が持つ主体的、協同的で創造的な性格が強調されている。コンピテンシーとは、言い換えるならば、人がグローバル社会において世界と積極的に関わり、より良い世界を協同して創る市民となるに必要な全人的な資質・能力のことである。

第 2 節　学校の教育目標の転換

1.　能力観の転換と学習目標の変化

　知識・技能の習得という認知的能力に特化していた従来の日本の学力概念は、工業化社会では、良く機能していた考え方であった。マニュアル通りに行動することが期待され、正確で効率良く既存の知識や技能を適用する能力は、知識・技能の所有量（ペーパーテスト）で測ることが適切である。工業化社会では、知識の多寡（貯蓄量）が、そのまま個人の能力（学力）と見なされていたのである。

　しかし、ICT や AI の飛躍的発達は、個人の知識所有の意味を減衰させ、予測不可能性が高まる現代では、正解が存在しない未知の課題が山積している。このような時代には、既存の知識の所有ではなく、新しい知を生み出し新しい解を協働で創り出す力が求められる。世界で進行している能力観の転換は、激動する社会で未知なる課題に対峙できる市民の育成を意識し、学校の主たる教育目標が「知識・技能の習得」（コンテンツ重視）から「資質・能力の育成」（コンテンツを内包したコンピテンシー重視）へ移行したことを意味している。

　日本の教育関係者は、教育目標の質的転換という世界の教育改革の意味を自覚する必要がある。知の貯蓄から、他者と協同し課題を解決していく資質・能力の育成へと主たる教育目標が転換されたこと、これを明

確に意識すること、それこそが日本独自の「ゆとりか、詰め込みか」といった学習量のみにこだわった無意味な論争から抜け出す道である。

2. 学校教育の新しい方向性

　このような国際的な教育改革動向を受けて、日本では新しい学習指導要領が移行期間を経て順次 2020 年度から小学校、2021 年度中学校、2022 年度高等学校で完全実施される。今回の学習指導要領は、従来の指導要領が扱っていた教育内容の規定にとどまらずに、学び方に関わる「能動的学習」、教育活動の PDCA の「カリキュラム・マネジメント」、学校教育の展望として「社会に開かれた教育課程」など様々な新しい用語を用いて学校教育の全面的な刷新を意図して改定が行われている。

　その概要を、学校の教育目標の刷新という観点から概括すると、第 1 に改定の背景の記載部分で、「よりよい学校教育を通じて、よりよい社会を創るという目標」の下に生徒たちが「未来の創り手となるために必要な資質・能力」を育むことが重要であると明記されており、今回の指導要領が持つ「未来の創り手」（未知の課題）「資質・能力の育成」（能力観の転換）といった学校教育の新たな方向性が明言されている。

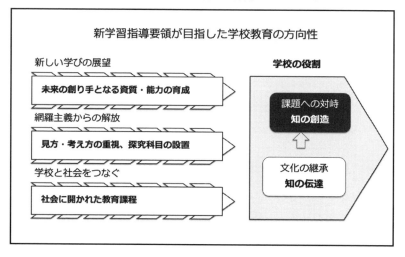

第2に学習内容の記載に関しては、従来は学習内容の網羅的な記載が中心であった教科の内容規定の部分で、冒頭に各教科特有の見方・考え方（教科の本質的な認識の枠組み）が具体的に明示されている。今回の指導要領では、学習単元の知識・技能を習得することが最終目的ではなく、その知識・技能を別の文脈において（教科特有の見方・考え方を転移して）思考・判断・表現すること（教科する学び）によって、具体的な課題解決のために活用すべきこと（何ができるか）が、明確に示されているのである。

　さらに高等学校の教科・科目編成では「総合的な探究の時間」を含め7つもの探究科目が新設され、「既存の知の習得」に重点を置いた科目編成から、「新しい知の構成や創造」を志向した探究レベルの学習が多様な教科で推奨されている。

　第3に学校教育の今後の展望として、教育を学校の中に閉じ込めず「社会に開かれた教育課程」を実現し、子どもたちを社会や世界とつなげ現実的な社会との関わりの中で、よりよい社会と幸福な人生を創り出していける力を育もうという新しい教育理念が記されている。

　新学習指導要領は、世界の教育改革で目指されている「世界を変革できるコンピテンシーの育成」と並走するように、詳細で内容規定的な網羅主義から学びを解放し、具体的文脈で課題解決に役立つ見方・考え方を鍛えることを奨励し、社会とつながった学校教育の中で、「未来を創る力を持つ」若者を育成することが目指されている。

　このように今回の学習指導要領改訂では、学校教育の主たる役割が、「知の伝達」（習得）から「知の創造」（活用、探究）へと意識的に転換されていることが見て取れるのである。

第 *3* 節　教育方法の刷新

1.　能力観の転換と学習手法の刷新

　学校教育の主たる目標が、従来の認知的能力としての学力を超えて、「社会と豊かに関わり、より良い世界を創る力」であるコンピテンシー（資質・能力）の育成へと質的に転換してきている。この「能力観や学習目標の転換」は、当然ながらそれを獲得するための教育方法（学びの支援のあり方）の転換を必要とする。

　この新しい能力観と教育方法に関する研究をリードしている一人に京都大学の松下佳代氏が挙げられる。松下氏は、各国の新しい能力概念を分類整理した上で、新しい能力を個別能力の並列状ではなく、相互に連関した「入れ子状の構造」としてとらえることを提唱している。（章末の参考文献参照）

　私は、この新しい能力の入れ子構造を前提に、その階層に応じた資質・能力を育成するには、その能力特性に適した学習方法があると考えている。具体的に述べると、第1層のあらゆる能力の核となる知識・技能の習得という認知的な学力（Knowing）を育成することは、伝統的授業によっても可能である。無論、教師の教授（意図）と生徒の学習（意味）のすり合わせ（相互作用）は必要であるが、この「知っているレベル（習得）」の能力は、従来の受動的学習でも育むことは可能である。

　第2層の「何かができるレベル（活用）」の能力（Doing）の育成には、実際に学んだ知識・技能を具体的文脈や別の文脈に応用（転移）して、思考・判断・表現する能動的学習（例えば、パフォーマンス課題など）がどうしても必要になる。具体的な課題に対して習得した知識・技能を道具として活用する能動的な学習経験を通じて、知識・技能の有用性（学びの意義）を学習者が実感する学びである。

　第3層の「未知の課題に対峙できるレベル（探究）」（Being）の能力の

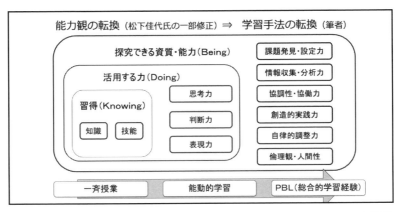

育成は、今までのふたつの学びを前提として、PBLのようなより実践的で総合的学習経験（中期的展望を持ち自律的に行われる学び）が必要である。「何かを学ぶためには、自分で体験する以上にいい方法はない」というアインシュタインの言葉通りに、「課題を探究できる能力」、すなわち「より良い世界を創る力」（Beingとしての全人的能力）を育成する方法は、「探究の経験」以外に方法はない。

　現実的な状況で自ら課題を見出し、情報を収集・分析し、仲間と協働しながら人間的な判断をともなう納得解を創造する、このような総合的な学習経験以外に、全人的な資質・能力（コンピテンシー）を育む近道は存在しない。まさに、learning by doingである。

2.　様々なアクティブ・ラーニング

　学校教育の主たる役割の転換によって、日々の授業においても「知っているレベル」（習得）の学習だけでは不十分であり、「何かができるレベル」（活用）の学習、さらには「未知の課題を探究できるレベル」（探究）の学習が求められるようになってきた。この活用や探究という学びのステージに焦点付けられた能動的学習、いわゆる主体的・対話的で深い学びであるアクティブ・ラーニングは、図のように整理できると私は考えている。

これは学校教育で展開可能な様々な能動的な学習を、横軸に学習目標、縦軸に学習活動の特性を置いて整理したものである。横軸の左は主たる学習目標が汎用的スキルであり、横軸の右は学習目標が教科の知識・技能であることを示している。また縦軸の上は、学習活動が学習者の主体的判断で自律的に行われもので、縦軸の下は教師の指示によって他律的に行われることを示している。

　知識・技能を重視する教科の授業では、反転学習、ジグゾー法など教師が主導する能動的学習が可能である。また、学習単元の終盤では、習得された知識・技能を特定の文脈の中で活用させる「問題に基づく学習（PBL）」である「パフォーマンス課題」などを展開することができる。(第1章参照)

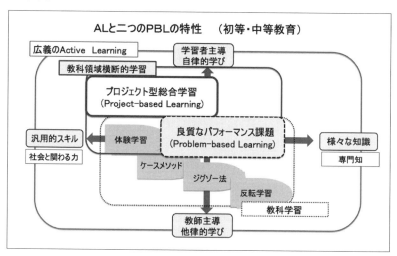

　一方で、汎用的スキルなどを重視する特別活動や総合的な学習（探究）の時間などの領域横断的学習においては、中期的な教育目標（汎用的スキルや人間性）を組織的に共有した上で、生徒自身が興味関心を持つ課題の探究に主体的に取り組む「プロジェクトベース学習（PBL）」を展開することが期待されるのである。(14章で解説)

おわりに（アクティブ・ラーニングの問題点）

　言葉として矛盾しているが「受動的アクティブ・ラーニング」が氾濫している。教師の指示の通りに生徒は一斉に活動し、積極的に協同学習に取り組んでいる研究授業は、珍しい光景ではなくなりつつある。しかし、授業後に生徒に「何を学びましたか」と聞いてみると、「先生に聞いてください」と言われてしまう。アクティブ・ラーニングという演劇の意味は、演者の生徒には知らされず、脚本・演出の教師のみが知っている、といった具合である。

　生徒は、大人の言いなりになる人形ではない。学びの意義は、学習者本人が自覚することがなにより大切である。私たちが注意すべきは、学習者中心という言葉とは裏腹に、アクティブ・ラーニングには、他者を意のままに操作しようとする（技術論的教育）意識が潜在しうるということである。

【参考文献】

教育とスキルの未来 :Education 2030　【仮訳 (案)】
文部科学省初等中等教育局教育課程課教育課程企画室
https://www.oecd.org/education/2030-project/about/documents/OECD-
Education-2030-Position-Paper_Japanese.pdf

松下佳代編著　『〈新しい能力〉は、教育を変えるか』
ミネルヴァ書房、2010 年

第4章

新学習指導要領の
ねらい

金馬 国晴

はじめに

　学習指導要領は法的拘束力があるとされるものの、大綱的な最低基準で、学校・教師ごとに創意工夫して活用できる。今改訂は、各教科などの目標＝ねらい、内容と留意点だけでなく、教授と学習の方法、そして評価についてまで記載する「総合性」を特徴とする。以下の順にその各面を具体的にみる。全体像と各教科・領域内での、資質・能力の3本柱、「見方・考え方」、アクティブ・ラーニング（主体的・対話的で深い学び）、教科・領域相互をめぐるカリキュラム・マネジメントや横断的カリキュラム、学校段階等間の接続、家庭・地域社会・実社会など「社会に開かれた教育課程」、そして自分（たち）ごとに、といった面である。（以下、本章における引用文中の下線は筆者による）

第 *1* 節　学習指導要領というもの

1.　学習指導要領の位置づけと創意工夫の余地

　各学校が編成する教育課程は、その基準とされる学習指導要領の解説総則編（以下、解説。頁数は小学校版）では、次のように定義されている。

> 「学校の目的や目標を達成するために、教育の内容を児童の心身の
> 発達に応じ、授業時数との関連において総合的に組織した各学校
> の教育課程」（11頁）

　その教育課程を編成する際の基本的な要素は、学校の教育目標の設定、指導内容の組織、授業時数の配当になる。大きな目的や目標などは日本国憲法を受けた教育基本法（1947年、改正2006年）に、その他多くのことが学校教育法（1947年、改正2007年）にある。学校教育法施行規則などもあるが、さらに具体的な教科内容などが書かれているのが学習指導要領（1947年より、ほぼ10年ごとに改訂）である。国会で決めない、文部省・文部科学省が出した省令でしかないものの、「法的拘束力」があるとされてきた。つまり解説がいうには、「学習指導要領は、法規としての性格を有

するものとして、教育の内容等について必要かつ合理的な事項を大綱的に」示したものなのだ（13頁）。だがすぐ後に続いているのが、「各学校における指導の具体化については、学校や教師の裁量に基づく多様な創意工夫を前提としている」(同上)との文言だ。学習指導要領は大まかな「大綱的基準」とされてきたし、近年「最低基準」とも確認されたものであり、「児童の学習状況などその実態等に応じて必要がある場合には、各学校の判断により、学習指導要領に示していない内容を加えて指導することも可能」（解説13頁）なのだ。

　学習指導要領の前文（2007年版より）にも示されたのは、学習指導要領の「役割の一つは、公の性格を有する学校における教育水準を全国的に確保すること」ではある。だが同時に、現場での創意工夫が、戦後初期1950年代中盤まで、そして1970年代後半から今日まで奨励されてきたのである。

　こうした二面も含みつつ、学習指導要領は、約10年ごとに改訂されてきた。振り子のように変わってきたといわれている（図1）。

図1　学習指導要領改訂の振り子

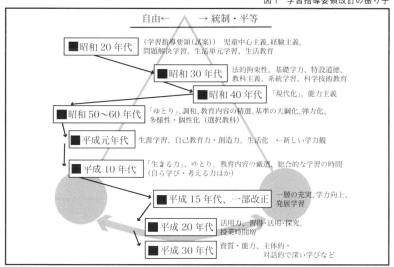

自由←　　　　→統制・平等

■昭和20年代　（学習指導要領(試案)）児童中心主義、経験主義。問題解決学習。生活単元学習、生活教育

■昭和30年代　法的拘束性。基礎学力、特設道徳、教科主義、系統学習、科学技術教育

■昭和40年代　「現代化」。能力主義

■昭和50〜60年代　「ゆとり」、調和、教育内容の精選、基準の大綱化、弾力化、多様性・個性化（選択教科）

■平成元年代　生涯学習、自己教育力・創造力。生活化　←新しい学力観

■平成10年代　「生きる力」、ゆとり。教育内容の厳選、総合的な学習の時間（自ら学び・考える力ほか）

■平成15年代、一部改正　一層の充実、学力向上、発展学習

■平成20年代　活用力、習得・活用・探究。授業時間増

■平成30年代　資質・能力、主体的・対話的で深い学びなど

〈出所〉金馬（2014）59頁

2. 今改訂の全体的な特徴 —「総合性」

　今回の 2016・17 年改訂は、一言で言えば「総合性」を特徴とする。確かな学力だけでなく、豊かな心、健やかな体も重視している一方、「脱ゆとり」とされた前改訂以来、基礎・基本の方に振り子が戻った一方、非認知的能力を重視してきたのだ。その総合的なニュアンスが「資質・能力」にはある。それには知識・技能以外が何でも盛り込まれている。

　しかも今改訂では、学校教育が果たすべき役割から論議がされた。結果なんでもかんでも詰め込むものとなり、現場としては過重負担で、「無限責任を呼び込む」（石井 2015、10 頁）とする予測もある。そこで、重点化、つまりある部分だけを重視して、逆にある部分を軽くこなすにとどめないと破綻する。そのためにも"問い"をもつことがいる。テストのためでなく、そもそも何のために学ぶのかが重要なのだ。

　なお、今改訂の特徴は、グローバルな議論や研究が反映された点にあろう。学習指導要領の前文に「各学校がその特色を生かして創意工夫を重ね、長年にわたり積み重ねられてきた教育実践や学術研究の蓄積を生かし」とある。加えて欧米や国際機関で研究や提言されたコンピテンシー、コンピテンスや「21 世紀型スキル」などの論が活かされたのだ。

　今改訂にみる「総合性」は、あえて教育学的に言えば「カリキュラム統合」、つまり国際的な新教育からの影響といえなくもない。少し長いが、学習指導要領の解説にもまとめられた改訂の趣旨を引用してみる。

　　「中央教育課程審議会答申においては、"よりよい学校教育を通じてよりよい社会を創る"という目標を学校と社会が共有し、連携・協働しながら、新しい時代に求められる資質・能力を子供たちに育む「社会に開かれた教育課程」の実現を目指し、学習指導要領が、学校、家庭、地域の関係者が幅広く共有し活用できる「学びの地図」としての役割を果たすことができるよう、次の 6 点にわたってその枠組みを改善するとともに、各学校において教育課程を軸に学

校教育の改善・充実の好循環を生み出す「カリキュラム・マネジ
　　メント」の充実を目指すことなどが求められた。」（解説2頁）
　ここにいわれる6点は以下の目標・内容・方法・評価にかかわる。学
習指導要領は目標＝ねらい、内容（の組織）と留意点までだったのが、（教
授と学習の）方法、そして評価についても記載されるようになったのだ。

　　①「何ができるようになるか」（育成を目指す資質・能力）
　　②「何を学ぶか」（教科等を学ぶ意義と、教科等間・学校段階間のつなが
　　　りを踏まえた教育課程の編成）
　　③「どのように学ぶか」（各教科等の指導計画の作成と実施、学習・指導
　　　の改善・充実）
　　④「子供一人一人の発達をどのように支援するか」（子供の発達を踏ま
　　　えた指導）
　　⑤「何が身に付いたか」（学習指導の充実）
　　⑥「実施するために何が必要か」（学習指導要領等の理念を実現するため
　　　に必要な方策）

　今改訂は、「はじめに在来の『教科ありき』ではなく、また『内容』の
習得それ自体が教育の最終目標でもないことを言明した点に、これまで
にはない新しさがある」（奈須2017、31頁）というほど総合的である。そ
こで、以下のように分析した各面について、順に考えていこう。
　すなわち、全体像と各教科・領域内 / 教科・領域相互に / 学校段階等
間の接続 / 家庭・地域社会と、実社会と / 自分（たち）ごとに、である。

（アルファベットは図 2 による）

A　目標（コンピテンシー）・評価（パフォーマンス）」―資質・能力の 3 本柱・評価の観点（第 11 章）

　先の引用にもあった「新しい時代に求められる」資質・能力とは、

　　「予測困難な社会の変化に主体的に関わり、感性を豊かに働かせな

　　がら、どのような未来を創っていくのか、どのように社会や人生

　　をよりよいものにしていくのかという目的を自ら考え、自らの可

　　能性を発揮し、よりよい社会と幸福な人生の創り手となる力を身

　　に付けられるようにすることが重要である」（解説、3 頁）

との時代認識とそこで必要な能力像によっており、

　　「こうした力は全く新しい力であるということではなく学校教育が

　　長年その育成を目指してきた「生きる力」であることを改めて捉

　　え直し、学校教育がしっかりとその強みを発揮できるようにして

　　いくことが必要」（同上。以上は中教審答申にもある記述の引用。）

とされる。大事なことは、「何を知っているか」という領域ごとに区別された知識の体系ではなく、知識や技能を自在に活用して「何ができるか」、より詳細には「どのような問題解決を現に成し遂げるか」といった汎用的な資質・能力の体系へと変わった点である。（奈須 2017、25 頁）

　さらに、この「汎用的な能力の育成を重視する世界的な潮流を踏まえつつ」ということで、図 2 のような『三つの柱』を「バランスよく育成してきた我が国の学校教育の蓄積を生かしていくこと」が求められる。

　すなわち、

a. 「何を理解しているか、何ができるか（生きて働く「知識・技能」の習得）」

b. 「理解していること・できることをどう使うか（未知の状況にも対応できる「思考力・判断力・表現力等」の育成）」

c.「どのように社会・世界と関わり、よりよい人生を送るか（学びを人生や社会に生かそうとする「学びに向かう力・人間性等」の涵養）」（以上、解説 3 頁。学校教育法（2007 年改正）の第 30 条 2 項とも連動する。）

図2　学習指導要領改訂の方向性を示した代表的な図　出典：梅原 2018、34 ～ 35 頁

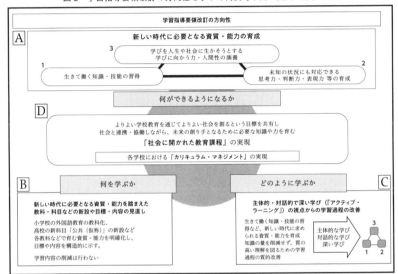

あらゆる教科や領域の目標や内容、評価の観点も、この三つの柱に基づき再整理された。これら 3 点にわたって一貫させられ、あたかも設定されたフォーマットにはめ込んだような整理がされたのだ。

実際に、全ての教科の目標項目をみると、教科の「見方・考え方」（後述）を示し、上記「資質・能力」の 3 本柱に即した形式に統一されているので確かめてみよう。たとえば、総合的な学習の時間の目標さえ、以下のようになっている。（第 12 章）

a. 過程において（中略）課題に関わる概念を形成し、探究的な学習のよさを理解する。

b. 実社会や実生活の中から問いを見いだし（以下略）

c. 主体的・協働的に取り組むとともに、互いのよさを生かしながら、積極的に社会に参画しようとする態度を養う。

これでは、「生きる力」が補強され、全人格まるごとへの広がりが見られながらも、ある方向性をつけられた特化された人材像（梅原 2018、19 頁）から脱していないというしかない。

B　内容（コンテンツ）― 各教科での「見方・考え方」

各教科にかんしては、解説の 3 頁に、

「知識及び技能の習得と思考力、判断力、表現力等の育成の<u>バランス</u>を重視する平成 20 年改訂の学習指導要領の枠組みや教育内容を<u>維持</u>した上で、知識の理解の質を更に高め、確かな学力を育成する」

とされている。その上でだが、全教科についての「見方・考え方」、つまり「どのような視点で物事を捉え、どのような考え方で思考していくのか」という教科等ならではの物事を捉える視点や考え方が重視されている。それは「各教科等を学ぶ本質的な意義の中核をなすものであり、教科等の学習と社会をつなぐもの」とされているものだ。（解説 4 頁）

総合的な学習で言うならば、探究的な「見方・考え方」である。（自分の専門教科で言えばなんだろう、調べてみよう、第 6、12 章も参照）

なお、今改訂では、内容としては、豊かな心や健やかな体の育成、すなわち「特別の教科」化された道徳教育の充実や体験活動の重視、体育・健康に関する指導の充実なども強調されている。

C　方法 ― アクティブ・ラーニング（主体的・対話的で深い学び）―

詳しくは第 6 章をみてほしいが、「我が国の優れた教育実践に見られる普遍的な視点」（解説 3 頁）とされる。知識だけでなく活用力も、という 21 世紀以降の国際動向の具体化なのだが、似たことは 1990 年代の新学力観以降から本格化しており、小学校には浸透した。アクティブ・ラーニング自体は大学の講義改善にアメリカから導入されたものだが、今改訂はとくに高校や中学でこれを進める意図がある。国際的には新教育の方法と見られるが、歴史的根拠は不明である。実践上の注意としては、

「まずは、教育目標に基づいて指導内容が選択される。それを教材化する過程で、学習指導にふさわしい指導方法が工夫されるのであって、その逆ではない。また、『深い学び』という視点は相対的な表現であって、到達点があるわけではない。」(梅原2018、30頁)

D　教科・領域相互に―経営 (カリキュラム・マネジメント) (第11章)

解説総則編5頁にある定義では、カリキュラム・マネジメントとは、

「児童や学校、地域の実態を適切に把握し、教育の目的や目標の実現に必要な教育の内容等を教科等横断的な視点で組み立てていくこと」

「教育課程の実施状況を評価してその改善を図っていくこと」

「教育課程の実施に必要な人的又は物的な体制を確保するとともにその改善を図っていくこと」

などを通して、「教育課程に基づき組織的かつ計画的に各学校の教育活動の質の向上を図っていくこと」とされている。

とくに強調されているのが、教科等の「横断的」な視点で、すでに数回の改訂にもあった。1998年改訂では、総合的な学習の時間が新設され、そこに他の領域や教科を横断的に関連づけしてもきたのだ。

解説においても、「各教科等及び各学年相互間の関連」(解説69頁)として強調されている。小学校では前改訂から2学年くくりにもなった。

第 3 節　学校段階間の、および地域・社会との接続

1.　学校段階等の間の接続―今改訂と新しい学校種 (解説73〜75頁)

新学習指導要領では、それぞれの教育段階の接続を円滑に運用させることを重視して、同一方針のもとで一連の教育がめざされている。

幼稚園教育要領、保育所保育指針なども改訂されたが、「幼児期の終わりまでに育ってほしい姿」をふまえた指導と称し、10項目が示された。

健康な心と体に始まり、自立心、協同性、道徳性・規範意識の芽生え、社会生活との関わり、思考力の芽生えなどと続き、豊かな感性と表現で終わるものだ。遊び中心の活動を減らし授業が増やされないかと懸念され、小学校への早期教育がたきつけられないか、疑問も出されている。

逆に小学校側が合わせるスタートカリキュラムということで、「生活科を中心に、合科的・関連的な指導や弾力的な時間割の設定など、指導の工夫や指導計画の作成」を進めることが提案されてもきた。(解説73頁)

低学年と中学年以降の教育との円滑な接続も強調された。さらには、

> 「小学校及び中学校9年間を通じて育成を目指す資質・能力を明確化し、その育成を高等学校教育等のその後の学びに円滑に接続させていくことが求められる。」(解説74頁)

例えば小中一貫教育の義務教育学校が、また中等教育学校(つまり都道府県立中学・高校)が、自治体によっては設置されてきた。少なくとも同一中学校区内の小学校と中学校の間の連携は、どこでも重要な課題だ。

高校・大学間の接続については、「大学入学共通テスト」が始まった(2020年～)。思考力、判断力、表現力などを測るためだが、英語の民間試験活用、国語・数学の記述式の導入は延期された。高校在学中には、あらゆる高校生に対し、「高校生のための学びの基礎診断」も課されるようになったが、外部試験に委託されている。

なお、今回の改訂・学習指導要領は、教職課程コアカリキュラムというものにより、大学の教職課程にも徹底されることになった。

2. 家庭・地域社会と、実社会と (解説125～127頁)

今改訂では「社会に開かれた教育課程」というキーワードも現われた。そこでいう社会は、グローバル社会や超スマート社会(Society5.0)と称される。だが、そもそも将来社会の想定自体が狭くはないか。それぞれの地元・地域こそ注目されるべきである。少子高齢化、過疎化で疲弊し、消滅可能性都市が名指しされてきたが、どの地域も世界と、インター

ネットや輸出入の貿易、環境問題などでつながっている。子どもたちが住む身近な地域に軸足を置きつつ、「持続可能な社会の創り手」を育てるESD（持続可能な発展のための教育）が実現できれば、開かれた社会が創れるのではないか。

第 4 節　各教科・科目と時間数 ── 新設を中心に

　小・中学校には特別の教科道徳、高校では公共（公民のなかの必修科目として）が新設された。これらに主権者教育、キャリア教育、シティズンシップ教育、消費者教育を盛り込みたい。プログラミング教育も、技術・家庭科（中学）や情報（高校）ほかに導入された。

　小学校に教科としての外国語（5・6年）が新設され、小学校外国語活動は3・4年に下ろされた。高校の外国語も、大きく変わった。

　高校で大幅に科目再編されたのは、国語、外国語、地理歴史、公民である。国語、外国語では、ともに論理と表現が重視される。地理歴史は、○○総合（必修）と○○探究（選択）という構成に変わり、また高校のみで、総合的な学習の時間が総合的な探究の時間に改編された。理数探究なども新設された。このように探究というものが、複数の教科で科目名のキーワードに浮上したのが、今改訂の特徴といえる。

　時間数については、短い時間を活用して行う指導（モジュール）など、時間割の弾力的な編成が一層可能となった。総合的な学習の時間の実施による特別活動の代替、合科的・関連的な指導なども引き続き可能だ。

おわりに（自分（たち）ごとに）

　以上のような文言云々を超えて、「学習指導要領体制という縛りのシステム」（梅原2018、49～50頁）という指摘もある。全てをそのままこなしていくと破綻しかねないが、上述のひとつひとつの要素を、全体の中で構造的に理解した上で、各現場なりにやりたいコアを見定めて、他の要

素を関連づけてつつ計画し、実践していくことができないか。いわばコア・カリキュラム的な発想（金馬編 2019、第 6 章他）で、働き方改革にもつながる。

　最後に引用して強調しておきたい。「各学校においては、国としての統一性を保つために必要な限度で定められた基準に従いながら、創意工夫を加えて、児童や学校、地域の実態に即した教育課程を責任を持って編成、実施することが必要」（解説 13 頁）なのだ。各教師の裁量は大きい。

【参考文献】

安彦忠彦『「コンピテンシー・ベース」を超える授業づくり』
図書文化、2014 年

石井英真『今求められる学力と学びとは―コンピテンシー・ベースのカリキュラムの光と影』
日本標準ブックレット、2015 年

梅原利夫『新学習指導要領を主体的につかむ―その構図とのりこえる道』
新日本出版社、2018 年

金馬国晴『カリキュラム・マネジメントと教育課程』
学文社、2019 年

奈須正裕『「資質・能力」と学びのメカニズム』
東洋館出版社、2017 年

民主教育研究所編『季刊 人間と教育』93 号 (特集 " 自発的従属 " のススメ？― 次期学習指導要領)
旬報社、2017 年

第5章

授業を
デザインする手順

金馬 国晴

はじめに

　実習先で、「やりたい授業をやってみて」と1コマほど任されたらどうするか。授業デザインの理想的な流れを示してみる。まず全体的なイメージ（像）・目標を描くことがスタートで、学習指導要領などのカリキュラム基準を活用しつつ、年間指導計画、単元案、そして学習指導案などのカリキュラム計画として、教科や単元の全体、および本時の授業の流れを具体的にデザインしていく。それが実際の授業や活動（カリキュラム実践）のシナリオとなるのだ。省察としての評価、日常的な宿題、自由勉強なども重要だ。授業は指導案どおりには進まないからこそ、想定外を楽しみ「子どもから学ぶ」姿勢が大切である。

第 *1* 節　授業デザインに先立つイメージづくり

1.　全体的なイメージ（像）・目標と自分史

　どんな子（子どもたち）へと育てたいか。またはどんな学級、学校、担当の授業にしたいのか。これらは理想像（理念型＝イデアル・ティプス）と言えるものである。**[「見える化」してみよう。頭の中で思い描くだけでなく、紙やパソコンに、箇条書きや図表の形で描いてみよう。]**

　　※　小学校や中学校に行くと、教室の黒板の上の方や、後ろや横の
　　　壁に学級目標が掲げられている。教師や学校が統一して用意した
　　　掲示物や額の場合もあるが、子どもたちひとりひとりが描いたカ
　　　ラフルな掲示であったりもする。教師（たち）と子どもたちとの
　　　共同の理想としてイメージされた学級像だ。学級によっては、「教
　　　室はまちがうところだ」（蒔田晋治：小・中学校教諭）といった授
　　　業像や集団像でもあり、さらには地域像、社会像まで含まれるこ
　　　ともある。

　理想像というものには、教師自身や実習生の経験が影響してくる。子どもの頃、また教員になってからの経歴、とくに人生の転換期が表れて

くる。[皆さんも、自分の子どもの頃からの学校経験などを、思い出の品を探したり、懐かしい友達、先生や卒業生に連絡をとり語り合ったりして、具体的に思い出しておこう。いわゆる自分史、ライフストーリー、ライフヒストリーまんだら（金馬 2019. コラム②）といったものとして、省察（反省）するとよい。また、ボランティアやアシスタントでみる子どものことを思い出してみよう（こうしたエピソードは実習でも教員採用試験でも尋ねられ、教職に就いてからも、立ち戻る原点になる。）]

　ただし、重要なのは自分の経験にこだわり過ぎることでなく、それを自覚するからこそ、異なる経験をもつ同僚や子どもひとりひとり、そして保護者を立体的に、深く理解できるようになることだ。

2.　カリキュラム基準を自分なりに活用する

　こうした理想のイメージがコアとなってこそ、すでに文書で存在しているカリキュラム基準というものを、授業案などに溶かし込める。

　自分の担当教科や学級などの目標がイメージしづらい場合、自治体や国の文書、文章に、自分が漠然と持っている理想を突き合わせる形で、

図1　授業デザインの流れ図

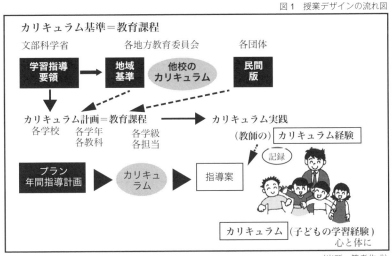

〈出所：筆者作成〉

自分なりの目標（内容）へと翻案することもできるのだ。

　※日本のカリキュラム基準としては、文部省・文部科学省が作成し
　　てきた校種ごとの学習指導要領、各教科・領域に分かれたその
　　「解説」書がある。また、各地方自治体（都道府県、市区町村）は、
　　学習指導要領を基にしつつ、地域に即したカリキュラム基準を作
　　成し足す。（知られたものでは横浜市、品川区、上越市など）

　または、学校の先輩が蓄積してきたカリキュラムの図表・冊子や、参
観したり別途集めたりした他の学校・学級のカリキュラムもまた、カリ
キュラム基準と呼べるほどの重要性を持つ場合がある。

3.　年間指導計画、単元案へ ～カリキュラム計画１～

　各学校では、カリキュラム基準を参考にしつつ、カリキュラム計画と
いえるものを作成（編成、構成）し、印刷物などとして保管・活用している。
学校全体としてのカリキュラムの計画の形式としては、学年ごとのある
年の年間（4月から翌年3月）を通じたものとして、年間指導計画と呼ば
れる表がある。これは長期にわたる計画なので、一時間一時間の授業より、
数週間や数か月にわたる単元といわれるものが単位になる。

　そのひとつひとつをデザインした文書が単元案である。ポイントは、
子どもにとっての学習経験を個々ばらばらなままにせず、互いの要素が
密接に関連し合った一連のまとまりと見なして計画することである。

　ここでは、単元案を作る練習（単元習作）をする際に、順に書き出して
みるといい項目を挙げておく。[**教師と子どもと教材の関係を考えながら
実際に書き、単元を骨組みだけでも創ってみよう。**]

　　1. 単元のテーマ（とりあげたい内容）

　　2. 具体的なトピック・事例（単元テーマについて知っている具体的なこと
　　　を出し尽くす。ポストイットにひとつひとつ書き出すとよい。）

　　3. 疑問づくり（別の色のポストイットにいくつか書き出す。）（トピックがど
　　　う結びつくかの構造を見立てる軸となり、単元の小見出しにもなる。）

4 テーマに関する構造図づくり（書いたポストイット出し合い、同じもの
は重ね、似たものはズラしながらつないで整理。整理したポストイット
を、疑問を小見出しとしたグループに分けて、模造紙などに仮に貼る。
疑問を「発問」として、その答えに関連するようなポストイットを集めて、
並べて貼ることで、単元全体の構造を図示する。）

5. 単元計画（書式に書き出したり、ポストイットを別紙に貼り直したり。実
際には授業や単元を、どんな問題（発問）や活動から始めるか、教材を
どう位置づけて使うか、そして調べたり発表したりもするか、さらに単
元の終わり方他。）そして、以下を見つけて印をつけ確認するか別途書き
出す。

6. 単元計画に含めた学習活動（インタビュー、実験、討論など）

7. 学習活動・調査方法の組織方法（個人かグループか全体で一斉か）

8. 主要な準備物・人

9. 次への発展（評価方法、やりきれないこと、日常へいかに広げるか）

※単元は本来、経験単元（子どもの問題解決能力の発展を目指した具
体的な経験活動のまとまり）を指す。他方でよく言われるのが、
教材単元（教育内容の系統性や論理性を重視し、教材の習得に重点
を置くもの。教科書の章立てにあたる）である。前者は問題解決学
習的な登山型、後者は系統学習的な階段型としてイメージでき
る（金馬 2018、13 〜 14）。または、ピクニック型という提案も
ある（広石英記）。

第 2 節　計画 ＝ デザイン

1.　学習指導案の内容、書式、構成過程 〜 カリキュラム計画 2〜

いよいよ、学習指導案（または授業案、支援案など）の出番である（図2）。
これは実習で必ず作るものであり、以下のことが書き込まれる。（上記
で書き出した）目標、（カリキュラム基準も参考にして創る）内容。その方法・

図2　学習指導案の書式

□学校○○科　学習指導案

授業者 ………　印
（実習指導教員）………　印

日時　20○年○月○日（○）○時間目
学級　第△学年○組□名（男子○名、女子○名）
場所　○○市立○○□学校　△年○組教室

1　主題名(または題材名、単元名)　………
2　児童／生徒の実態、教材観、指導観など
・・・（文章で長めに）
3　単元目標（及び評価規準）
〔知識・技能〕………（箇条書き）　　　　〔思考・判断・表現〕………
〔主体的に学びに取り組む態度〕……
4　単元全体の計画（全○時間）
第1時………（○時間）
第2時………（○時間、本時）
第3時………（○時間）
…………
5　本時の目標
1）………（箇条書き）
2）………
………
6　本時の展開（または指導過程など）

段階、時間	学習内容・教材（指導形態など）	学習活動	指導上の留意点	評価の観点	教科書、資料、教具
導入○分	（または前時の復習も）（扱う内容・教材など。教師からの発問を「」で）	（予想される子どもたちの姿・動き）	（教師が特に気をつけて指導するポイント）	（目標にも関連して、何を使いどこを見とるか）	（教科書の頁なども）
展開○分	（展開の枠は、適宜、何段階かに増やしてよい）	（山場を□で囲うとよい）			
まとめ○分	（本時の振り返り）				

7　本時の評価について
………（6で「評価の観点」に書いたことをあらためて評価規準として並べてもいいが、方法や形態、留意点、評価基準の表なども書く）
8　参考文献・資料
………（書籍、文章、サイトの情報）
9　板書計画（図表にしてみる）
10　教材例（資料・プリント・ワークシートなど）
（その他、注目児について、座席表の形の表、解説、実践記録など）
11　他の教科・領域との関連（学校や学級のカリキュラム全体における位置づけ）

〈出所：筆者作成〉

手段（目的と手段の関係を考えて）。具体的にどのような教材（また教具）を使うのか、どんな形を採るか（指導形態。全体か小集団か個人か、または講義か討論か作業（実習、実験、フィールドワーク）かといったレベル）。いかに展開するか（「授業過程の展開」「授業構成」と呼ばれる表にして、そこに予想される子どもの姿、それに対する教授行為（発問、留意点など）、そしてそのときどきの時間や時間配当も書き込む。）

　　※書式は実際、地域、学校、教科によって異なる。共通な大筋は、
　　　図2のように、まず 1. 全体の主題と、2. 単元全体のこと、とく
　　　に指導計画（箇条書きにする）、そして、研究授業などにおこなう
　　　3. 本時のこと、特に指導過程（表にする）、最後に 4. 評価のこと
　　　を書く。さらに 5. 板書計画や教材のコピー（一部であれ）、6. 他
　　　の教科・領域との関連や、学校や学級のカリキュラム全体におけ
　　　る位置づけなどを載せるとよい。

　学習指導案とは、授業をする前に、1時間の授業の計画を一定の形式でデザインしたいわばシナリオだ。教師自身の教材解釈や教材研究のそれまでの成果と思考を、学級の子どもを念頭において綿密に組み立てたうえで、本時の目標から方法などを具体的に記しておくものである。

　[実際に自分がしたい授業、または実習、公開授業などでやる内容を、その前後の授業や単元の全体もイメージしつつ、創ってみよう。]

　先述したカリキュラム基準や他人の方法、自分がすでにした経験は、参考にしても、そのままマネ（模倣）してはならない。今回特有の状況・実態をよく想定し、何かを参考にする際はどこかを意図して変えるというスタンスをとりたいものだ。

2.　授業を作る流れ（第8〜10章も参照）

　授業をより具体的に計画化する流れとしては、教材研究、授業の設計（構造化）、発問づくりの順になる。
① 「教材研究」とは、教科内容を確定・選択・配列し、迫りやすくより楽

しく取り組めるように、具体的な教材・教具を選択し、解釈をしておき、場合によっては新しく開発していくことだ。それは、教材を詳しく調べるだけでなく、教師の感性や発想などをつぎ込み、自分なりの方法や教材観を加えていくという、創造的で（専門家として）自律的な活動といえる。教科書や指導書を使うにしても、そこに書かれたことの「追体験」をすべきほど、教師自身に「探究」の姿勢がいる。**[ぜひ、価値ある本の読書（専門書も含む）、または現場へのフィールドワーク、実験・観察などもしてみよう。（皆さんが教員になりたいからこそ、大学での学問・研究を究め、卒論をまとめる意義がここにある。）]**

② 次いで「授業の設計（構造化）」である。本時の目標（課題）を設定し、いかなる展開（過程）にするかについて構想する作業である。一般的には、「導入 (または復習) ― 展開 ― 山場 (主なねらい) ― まとめ」となる。具体的には、教師の指示・発問 (後述)、子どもの予想される活動、留意点等を考える。授業の形態も様々で、いかなる方法が有効かは、ラーニングピラミッドが参考になろう（図 3。アメリカ国立訓練研究所）。「習ったことを誰かに教えること」(Teach others) など、下 3 段のチーム学習が、平均学習定着率が高くなるのである。

図 3　ラーニングピラミッド

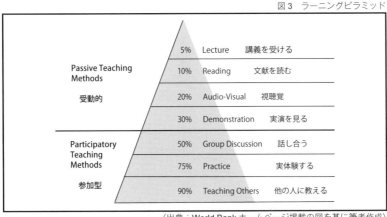

〈出典：World Bank ホームページ掲載の図を基に筆者作成〉

③ 最後に、「発問づくり」である。発問は、学ぶべき内容に向かって子どもの思考活動を刺激して、学習活動を組織するべく教師から言われる問いかけで、子どもの答えを解釈し、その場で返す言葉も含む。「説明」や「指示」（学習活動の組織）が含まれることもある。発問は、「展開の核」であり、展開を作る契機、子どもの思考の発達の契機となる（たとえば、主発問、それに重なる課題発問、そして否定発問などがある）。**[指導案のうちに、自分がする発言と、それらに対する子どもの反応の予想も、「」付きで明記したり、加筆したりしてみよう。]**

第 *3* 節　実践と省察・評価

1.　実際の授業や活動を展開させる ～ カリキュラム実践へ ～

　いよいよ実践に移す段階になる。ここまで指導案などに書いたことを順に実現（現実化）していくわけである。だが、実践するうちに、計画を修正したい部分が次々と思い浮かぶだろう。授業の名人が言うに、

　　「授業のなかに、教材とか教師や子どもの思考とかからくる矛盾が
　　起こり、教師と子ども、教師と教材、子どもと子ども、子どもと
　　教材との間に、対立が起こり、衝突・葛藤が起こり、それを克服
　　した結果として、新しいものが発見されたり、ときには未知の不
　　明のものがつくり出されたりしたとき、その授業は『展開している』
　　ということができるのである。」（斎藤喜博『教育学のすすめ』）

　やってみて、思いがけなかった矛盾（ずれ）に直面した場合も、時間配分や子どもの発言の扱いなどの案を，しばしば柔軟に、臨機応変・縦横無尽に、その場で修正できることもまた、授業力のうちである。ずれ（ある意味で、予想や展開の失敗）は新しい展開への跳躍台といえる。忘れないよう、授業の最中か直後に、指導案にすぐ手書きしておくと反省（省察）ができる。授業案を次に改訂していくための備忘録になる。

　机間指導（机間巡視）、授業後にも行なうノート指導や、練習問題など

の宿題もまた不可欠だ。一時間の一瞬一瞬に懸けるのが授業だが、単元全体（前後の授業）や、さらに他の教科・領域との関係をイメージしつつ、時間的、空間的に広がっていくことが理想なのだ。

2. 評価の意義 ～カリキュラムの実践と経験を省察する～（第10章）

　以上のように、イメージや計画を、授業や活動として実践することで、どれほど実現できたのか。基準もどこかで作用しているが、どの程度組み替え活用できたか。そのときどきで、また結果として、ひとりひとりの子どもの姿や内面と、また教師の中に、どんな経験がどれだけ、どんな形で蓄積されていったのか。

　そうしたことを語ったり、書き留めたりして、次に生かしていくことが、評価のポイントである。子どもに対する点数や記号ばかりが評価ではない。実践記録を書いて、検討会を開き議論する先生方もいる。次の実践にフィードバックすることこそ、評価の真の目的といえる。

　省察（振り返り）は、実践の後だけでなく、実践をしながらも臨機応変に同時並行でもなされることだ。子どものカリキュラム経験（学びの履歴）をよく見取り、それに対する教師自身のカリキュラム経験（そのエピソードや教師の力量）を問い直し、新たに重ねることでもある。

3. 日常の生活・活動へ ～宿題、自由勉強、自由テキスト～

　授業が終わっても、子ども自身の学びは終わらず続けられたほうがもちろんいい。学ぶことの目的は、学校や大人のため（学歴や忖度）でなく、今と将来に生きるため、自分と地域・社会をよりよくするためだからだ。

　宿題が、復習や次への予習として大切だ。加えて、自由勉強ノートも奨めたい。反復練習などの習得系だけでなく、活用系、探究系にも踏み込めるからだ。生活綴方や、自由テキスト（自由作文。フランスのセレスタン・フレネや、彼に影響を受けた若狭蔵之助、田中伸一郎らのフレネ教育）も参考になる。こうなると、授業で扱った内容を越え、それ以外の日常生活をも

含む自己教育（生涯学習）にまで展開してくる。

　たとえ宿題にされなくとも、日常で生活するうちに、学校で学んだ関連があれば、そのつど知識・技能が活用でき、かつ足りない知識も調べ、習得・活用しながら、自主的・主体的に探究し続ける・・そうしないと気が済まない人間へと育て上げたいものである。大学や実社会が求める人材やその資質・能力も、最低限、そうした「自ら学び、自ら考える」ような「生きる力」を持つ人なのだ。

おわりに（想定外ありの「子どもから学ぶ」授業デザイン）

　最後に、本稿で見てきた授業デザインの流れをまとめよう（再び図1をみよう）。全体のイメージを描き（教育目標の設定）、国や地方のカリキュラム基準と照らし合わせつつ、各学校・各学級・各教科のカリキュラム計画を構成し（目標に即した内容の選択と配列、方法の選択と開発）、そしてカリキュラム実践へ（実践のただ中での省察と修正）。以上を通じた各教師と子どものカリキュラム経験、そしてそれら実践と経験に関する評価を積み重ねていく。

　以上を授業の"デザイン"と表現したのは、授業づくりを、工場の組み立てラインではなく、芸術作品などを創り上げていく作業場（ワークショップ）のイメージで捉えたいからでもある。しかも、演劇やダンス、即興の演奏のような、動きを伴う総合芸術としてである。

　そもそも授業は、指導案や、指導書などのマニュアルどおりに進めようとすればするほど難しく、実践の場面でしばしば立ち往生して、変更するしかなくなる。子どもの学習経験自身が事前に立てた案や計画のとおりに進まないからだ。子どもの実態に忠実に、計画していなかった想定外の学びが起これば、その場で判断して計画変更をするとともに、実践後にもエピソード的に記述して評価をし、今後の改訂や実践へと活用することもできる。実際に展開できた授業を存分に生かして、計画や基準自体を改訂することさえできる。

とはいえ、その場の実践を中心と考えすぎ、右往左往しすぎるのも問題だ。教師の意図は大事であり、子どもたち、そして子どもひとりひとりが自主的・主体的に学べるためにこそ、しっかり意図、計画、目的、そして評価を明らかにしておくし、していきたい。

　とはいえ、授業は評価のためにするものでない。「指導と評価の一体化」といわれるが、評価の基準、観点に合わせ過ぎ、少しもはみ出る余地がないなら、それは創造性を殺し、形式的な実施にとどまってしまう。

　そもそも授業は、ひとりひとりが異なる学習を展開するのだから、当然に教師の計画を超えた想定外の事態が起こるものだ（隠れたカリキュラム、潜在的カリキュラムといわれるものもある）。そうならば、評価の基準や観点を、教える側の基準や計画にもっぱら基づかせ過ぎず、「子どもから学ぶ」という想いで、子どもとともに実践の中から創り上げてもいいだろう（到達度評価。第10章参照）。事前の設計図や地図は作ったとしても、そのとおりには進もうとせず、その場その場で予想外に起こった出来事を楽しみ、寄り道もしつつ、より良い対話や場面を子どもや他の大人とともに創ることを優先したいものである。

【参考文献】

子安潤編著『教科と総合の教育方法・技術』(未来の教育を創る教職教養指針)
学文社、2019 年

斎藤喜博『教育学のすすめ』(学問のすすめ 13)

筑摩書房、1969 年

柴田義松編著『教科の本質と授業 - 民間教育研究運動のあゆみと実践』
日本標準、2009 年

田中耕治・鶴田清司・橋本美保・藤村宣之『新しい時代の教育方法　改訂版』
有斐閣アルマ、2012 年

日本教育方法学会編『現代教育方法事典』
図書文化、2004 年

根津朋実・樋口直宏編著『教育内容・方法 [改訂版]』
培風館、2019 年

深澤広明編著『教育方法技術論』
共同出版、2014 年

第 6 章

深い学びをもたらす
授業構想

杉能 道明

はじめに

　新しい教育課程の特徴は、これからの時代を生き抜き、未来の創り手となるために必要な資質・能力を幼稚園、小学校、中学校、高等学校を通して育もうとしている点にある。そして、この資質・能力は旧来の教え込みの授業ではなく、「アクティブ・ラーニング」の視点で不断の授業改善を行うことによって育成することができると考えられている。「アクティブ・ラーニング」を分析的に表現すると「主体的・対話的で深い学び」となるが、この「深い学び」とはどんな学びなのか未だ明らかになっているとは言えない。

　そこで、本章では、「深い学び」とはどんな学びなのかを考察し、「深い学び」をもたらす授業構想の仕方を提案する。

第 1 節　育成すべき資質・能力と教科特有の見方・考え方

1.　育成すべき資質・能力

　2016 年 12 月に「幼稚園、小学校、中学校、高等学校及び特別支援学校の学習指導要領等の改善及び必要な方策等について（答申）」(2016 中央教育審議会　以下、中教審答申) が出され、新しい教育課程の方針が示された。新しい教育課程の特徴は、「育成すべき資質・能力」を重視している点である。子どもたちの未来は、「厳しい挑戦の時代」(2014 諮問)、「将来の変化を予測することが困難な時代」(2015 論点整理)であると言われている。その新しい時代を生き抜き、「未来の創り手となるために必要な資質・能力」(中教審答申) を幼稚園、小学校、中学校、高等学校を通して育むことをねらっている。

> ■ 生きて働く<u>知識・技能</u>の習得
>
> ■ 未知の状況にも対応できる<u>思考力・判断力・表現力</u>等の育成
>
> ■ 学びを人生や社会に生かそうとする<u>学びに向かう力・人間性等</u>
> の涵養

〈下線：筆者〉

　中教審答申によると、育成すべき資質・能力の三つの柱は次の通りである。

　ひとつ目の「知識・技能」については、ただ知っている・身につけていることが求められているのではなく、「生きて働く」ものでなければならない。そのためには知識・技能の意味やよさをきちんと理解していることが求められる。例えば、平行四辺形の公式は「底辺×高さ」であるが、平行四辺形の底辺を決めると高さが決まること、高さは底辺に垂直な線であり、平行四辺形の底辺に対して斜めの辺の長さではないことなどの意味を理解し、底辺と高さの数をかけ合わせて面積を求めることができ、「底辺と高ささえ分かれば平行四辺形の面積を求めることができる」という公式のよさを理解していて初めて「生きて働く」知識・技能になっているといえる。

　ふたつ目の「思考力・判断力・表現力」については、「未知の状況」に出会ったときでも、「知っていること（知識）、できること（技能）を使って何とか解決できないか」と考え、判断し、表現するなどして解決していく力のことである。すでに習得した知識・技能を活用して考え表現する問題解決能力と言い換えることもできる。

　三つ目の「学びに向かう力・人間性等」については、学びを人生や社会に生かそうとする姿に現れると考える。主体的に学習に取り組む態度、自己の感情や行動を統制する（調整する）能力、自らの思考の過程等を客観的に捉える力など、いわゆる「メタ認知」に関するものや、感性、優しさや思いやりなどの人間性等に関するもののことである。

2. 教科特有の見方・考え方

　前述の資質・能力を育む過程においては、「どのような視点で物事を捉え、どのような考え方で思考していくのか」という物事を捉える視点や考え方も鍛えられていく(中教審答申)。この「物事を捉える視点や考え方」が「見方・考え方」であり、各教科等の特質に応じて教科特有の見方・考え方がある。「見方・考え方」を支えているのが各教科等の学習で身に付けた資質・能力の三つの柱であり、「見方・考え方」は教科等の教育と社会とをつなぐものである。中教審答申では各教科等の「見方・考え方」を次のように示している。

国語科：言葉による見方・考え方

社会科：社会的な見方・考え方

算数・数学科：数学的な見方・考え方

理科：理科の見方・考え方

生活科：身近な生活に関わる見方・考え方

音楽科：音楽的な見方・考え方

図画工作科：造形的な見方・考え方

家庭科：生活の営みに係る見方・考え方

体育科：体育や保健の見方・考え方

外国語：外国語によるコミュニケーションにおける見方・考え方

外国語活動：外国語によるコミュニケーションにおける見方・考え方

総合的な学習の時間：探究的な見方・考え方

特別活動：集団や社会の形成者としての見方・考え方

　例えば、算数・数学科における「数学的な見方・考え方」は「事象を数量や図形及びそれらの関係などに着目して捉え、論理的、統合的・発展的に考えること」とされており、国語科における「言葉による見方・考え方」は「自分の思いや考えを深めるため、対象と言葉、言葉と言葉

の関係を、言葉の意味、働き、使い方等に着目して捉え、その関係性を
問い直して意味付けること」とされている。

第 2 節　主体的・対話的で深い学び

　育成すべき資質・能力を育むために「どのように学ぶか」の視点とし
て示されたのが「アクティブ・ラーニング」である。「アクティブ」とい
う言葉が表層的に「活動的」などと解釈され、誤解を招く恐れもあるこ
とから、「主体的・対話的で深い学び」と分析的に示されることもある。
中教審答申では「主体的・対話的で深い学び」について次のように記述
されている。

---

① 学ぶことに興味や関心を持ち、自己のキャリア形成の方向性と
　関連付けながら、見通しを持って粘り強く取り組み、自己の学
　習活動を振り返って次につなげる「主体的な学び」が実現でき
　ているか。
② 子供同士の協働、教職員や地域の人との対話、先哲の考え方を
　手掛かりに考えること等を通じ、自己の考えを広げ深める「対
　話的な学び」が実現できているか。
③ 習得・活用・探究という学びの過程の中で、各教科等の特質に
　応じた「見方・考え方」を働かせながら、知識を相互に関連付
　けてより深く理解したり、情報を精査して考えを形成したり、
　問題を見いだして解決策を考えたり、思いや考えを基に創造し
　たりすることに向かう「深い学び」が実現できているか

〈下線：筆者〉

1.　主体的な学び

　子どもが主体的に学習に取り組むということである。教師がひとつひ
とつを指示しその通りに子どもが活動するのではない。子どもが問題解

決すべき課題とその結果や方法の「見通し」をもっている。すぐに解決できなくても「粘り強く」取り組むことができる。問題を解決したら、自己の学習活動を「振り返って次につなげる」ことができる。例えば、算数科の授業では、始めに問題を先生が提示したとしても、子どもが、（今までの学習と比べて）難しくなったところやズレに気付き、問いや疑問をもつ。結果や方法の見通しがもてた子どもは受動から能動へ切り替わることができる。問題がすぐには解けない時もある。そんな時に粘り強く取り組める子どもは、自らの成功体験がある子どもである。「できた・分かった」という体験がある子どもは「きっとできる」と頑張ることができる。また、周囲の支えも大切である。友達や先生が励ましてくれる、先生が頑張りを認めてくれる。そんなクラスで学習する子どもはあきらめず「粘り強く」取り組むことができる。学習を振り返って「もっとしてみたいこと」を見つけることができる子どもは、今の自分の現状を把握し、次に取り組むべき課題を見つけることができる子どもであり、問い続ける子どもである。

2. 対話的な学び

　子ども同士で、子どもと先生や地域の方と、書物等を通しての先哲などとの対話をすることである。子どもと他者との対話のことであるが、対話は一方通行の発表会、情報交換を意味していない。双方向の対話を通して考えること（自己との対話）を経て「自己の考えを広げ深める」ことができることが「対話的な学び」である。授業の中にペアで伝え合う活動やグループで話し合う活動がよく取り入れられている。しかしながら、自分の考えを紹介し合うだけで双方向の対話にならず「自己の考えを広げ深める」ことができていない例がある。また、学級全体で話し合う際にも、ひとりの子どもが発言した後、「いいです。」とみんなで口をそろえて応えたり、拍手で終わったりする例がある。これもまた双方向の対話とは言えない。質問・つけたし・よいところの指摘などの発言が

つながらなくては、対話的な学びにはならない。対話的な学びにするためには、子ども任せにするのではなく、対話のテーマや目的意識をもたせるなど教師の適切な支援が必要であると考える。対話は考えを振り返りよりよいものにする方法である。古来、ソクラテスの問答法を意味する産婆術は、自問自答を促し、自らの考えを磨き上げる手段として用いられてきた。対話の前提として、自分の考えを持つことが大切である。自分の考えを持ち、それを他者に説明したり、他者の考えを聞いたりすることを通して自分の考えを振り返りよりよいものにすることができる。

3. 深い学び

　三つの学びの中でも子どもの姿をイメージしにくいのがこの「深い学び」である。前述した③「深い学び」についての説明の下線部分キーフレーズの三つを手がかりに考える。

【見方・考え方を働かせ】

　「見方・考え方を働かせ」と書かれ、その後の全てのキーフレーズにかかっていることから重視されていることが伺える。「働かせ」という言葉は「見方・考え方」はゼロベースではなく、それを子どもが既に持っているものであることを前提とした書き方である。「見方・考え方」は「深い学び」の鍵 (中教審答申) と言われており、「見方・考え方」を働かせて問題解決を行うことにより、「見方・考え方」が更に豊かで確かなものになると言われている。

【知識を相互に関連付けてより深く理解する】

　知識がバラバラなのではなく、相互に関連づいている状態が深く理解している状態であると考えられる。例えば、算数科では「図と言葉と式がつながっている」ことが深い理解を意味している。中原 (1995) は算数・数学教育における表現体系を図1のように表し、相互に翻訳することによって子どもの理解が深まると述べている。この図1を用いれば、「4 ×

3」というかけ算の意味を理解している子どもは、図2のように図と言葉と式がつながって理解していることになる。

図1　算数・数学教育における表現体系

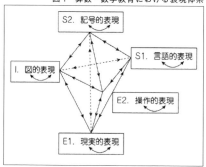

図2　4×3の意味理解

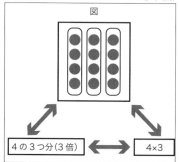

　このように深い理解ができている子どもは文章題からかけ算の式を立式したり、その式になるわけを図や言葉で説明したりすることができる。

　また算数科の授業では、考えの共通点や相違点について話し合うことがある。自分の考えだけでなく他者の考えと比べ、考えの共通点や相違点に気付くことができれば、それは「知識を相互に関連付けて考える」ことになる。算数科では「統合的・発展的に考える」ことが大切である。既に習得した知識と新たに学習したことを結び付けて「習ったことと同じだ」「習ったことを使うことができた」と気付いたとき、それは「知識を相互に関連付けて考える」ことになる。

【情報を精査して考えを形成する】

　情報には発信者の意図が含まれている。人の発言や考えも1つの情報と考えられる。それを鵜呑みにするのではなく、吟味・検討することが大切である。情報を「本当に正しいのか」「根拠はあるのか」「もっとよいものはないか」などと吟味・検討して思考・判断していく過程ことが情報を精査して考えを形成することだと考える。

第 *3* 節 　習得・活用・探究のある授業

1. 単元構想の大切さ

　先に述べた「深い学び」は1時間の授業の中だけにあるとは限らない。小学校学習指導要領（平成29年告示）解説算数編には、「単元や題材など内容や時間のまとまりの中で（中略）実現を図っていくものである」と記述されている。単元構想の中には習得・活用・探究の部分がある。まず、基礎的・基本的な知識・技能を「習得」する、次に、習得した知識・技能を「活用」して問題解決する、更に、自ら問いを立て、その問いを習得した知識・技能、問題解決の中で身に付けた学び方を生かしながら「探究」していくことが、子どもたちの資質・能力を育てることになる。その学習の中で「見方・考え方」も豊かで確かになり、「深い学び」を実現することになる。

2. 単元構想の例

　第4学年「面積」の単元での単元構想の例を取り上げる。

【単元目標】

○ 面積の単位について知り、長方形や正方形の面積の求め方を理解し、面積の公式を用いて、いろいろな図形の面積を求めることができる。　　　　　　　　　　　　　　　　　　　　　（知識・技能）

○ 面積の単位や図形を構成する要素に着目し、面積の求め方を考え説明することができる。面積の単位とこれまでに学習した単位との関係を考え説明することができる。　　　　　（思考・判断・表現）

○ 図形の面積を表すことに関心をもち、長方形や正方形の求積公式を利用して、身の周りにあるものの面積を粘り強く考え求めようとする。また、自分の取り組みを振り返り次の学習につなげようとする。　　　　　　　　　　　　　（主体的に学習に取り組む態度）

【単元構想】

　本単元では、上記の単元目標に示した学力だけでなく、子どもの図形についての見方・考え方、面積という量を単位のいくつ分でみる見方・考え方などを豊かで確かにすることをねらっている。例えば、全11時間の単元構想は次のとおりである。

　第一次　花壇の大きさ比べによる面積の学習への動機付け（1時間）

　第二次　面積

　　　第1時　　　面積の普遍単位㎠

　　　第2時　　　長方形、正方形の面積の公式とその利用

　第三次　面積の求め方の工夫（1時間）（本時）

　第四次　大きな面積

　　　第1・2時　面積の普遍単位㎡と㎠との関係

　　　第3時　　　1㎡の面積づくり

　　　第4時　　　面積の普遍単位㎢と㎡との関係

　　　第5時　　　面積の普遍単位 a、ha と面積の単位間の関係

　第五次　自己評価と振り返り（1時間）

　第六次　面積の問題づくりや新聞づくり（1時間）

　1時間の授業の中にも知識・技能を習得・活用する部分があり、単元の展開の中にも習得・活用の部分がある。第六次は学習してきたことをもとに面積の問題づくりをしたり、面積について調べたことをまとめる新聞づくりをしたりすることで「探究」を位置付けている。

第 *4* 節　「深い学び」のある授業構想

　本時として、前述の第4学年「面積」の単元の第三次「面積の求め方の工夫」の授業場面を取り上げる。

【本時の目標】

　L字型などの図形（図3）の面積の求め方を考え説明する数学的活動を

通して、図形の見方・考え方を働かせ、長方形や正方形に直せば、習った長方形や正方形の求積公式を使って面積を求めることができることに気付くことができる。

【授業の展開】

○ L字型の図形（図3）と問題「面積は何㎠でしょう。」を提示する。

○「(L字型の図形は) すぐには面積を求めることはできない。」「長方形や正方形なら公式を使って求めることができる。」などと子どもが問いや疑問、見通しをもったところで、本時のめあてを「形を工夫して面積の求め方を考え説明しよう。」などと決める。

○ L字型の図形をかいたワークシート（図4）を配布し、図に線を引いたり、空いているところに式や説明をかいたりして自分の考えをもつことができるようにする。

○ 子どもは図形の見方・考え方を働かせ、L字型の図形の面積の求め方について次のような考えをもつと予想される（図5）。

図3　L字型の図形 　　　　　図4　L字型の図形をかいたワークシート

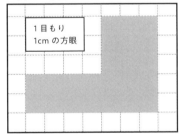

図5　予想されるL字型の図形の面積の求め方

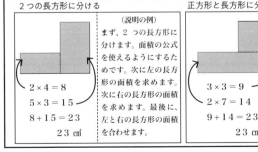
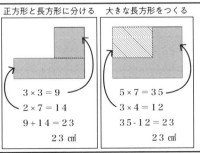

○ 分かったことを活用して、適用題で凸型や凹型の図形の面積の求め方を考える。

【深い学びの姿】

○ **図と言葉と式をつなげる**：L字型の図形の面積の求め方について、図と言葉と式を結び付けて話し合う中で理解が深まる姿。

○ **考えの共通点に気付く**：どの考えも長方形や正方形に直して、習った面積の公式を使っているところが似ていることに気付く姿。

○ **統合的・発展的に考える**：習ったことを使うと今日も問題を解決できた、面積の公式を使うとL字型や凸型などの図形の面積を求めることができた。習ったことを使うことはいいことだな、面積の公式は便利だなと既習事項を活用するよさや公式のよさに気付く姿。

おわりに（授業構想の問題点）

「アクティブ・ラーニング」の「アクティブ」を表層的に「活動的」と捉えてはならない。子どもが活動していればよい、話し合い活動をしていればよい、というわけではない。「活動あって学びなし」ではなく、主体的・対話的な学びを通した「深い学び」がねらいである。

教師は評論家であってはならない。目の前の子どもたちに教育を行いながらそれを振り返り、よりよい教育を目指して不断の授業改善を続ける反省的実践家であるべきである。教師は学び続ける存在である。

【参考文献】

梶田叡一　『対話的な学び』
金子書房、2017 年

教育課程企画特別部会　『教育課程企画特別部会における論点整理について（報告）』
2015 年

中央教育審議会　『初等中等教育における教育課程の基準等の在り方について（諮問）』
2014 年

中央教育審議会　『幼稚園, 小学校, 中学校, 高等学校及び特別支援学校の学習指導要領等の改善及び必要な方策等について（答申）』
2016 年

中原忠男　『算数・数学教育における構成的アプローチの研究』
聖文社、1995 年

文部科学省　『小学校学習指導要領（平成 29 年告示）解説算数編』
日本文教出版、2018 年

第 7 章

生徒を引き付ける
授業の技

栗田 正行

はじめに

　この第7章では、私が書籍や研修会で学んだことや、勤務した塾や学校現場で経験したことをもとに、より実践的・実用的な生徒を引きつける授業の技や考え方について、共に学んでいきたい。

第 *1* 節　基本的な「板書の技術」について

1.　板書がもつ「四つの効果」

　授業を構成するいくつかの要素のうち、あらかじめ万全に準備できるのが板書である。理由は簡単で、自分の板書ノートをつくる、プリントにしておくというように、形として残すことができるからだ。

　ここではまず、板書がもつ「四つの効果」について、確認する。

【板書がもつ四つの効果 ① 】「提示」の効果

　授業内容を板書にすることは、言い換えれば、生徒にこの内容を学んでいると提示することである。たとえば、算数や数学における公式や定理の概念などを板書としてまとめることは、この提示の効果を活用しているといえる。具体的には、「学ぶ順序を見せる」「考え方の枠組みを見せる」「文字以外のイメージを活用する」、このようなことが、この提示の効果を活用した板書例である。

【板書がもつ四つの効果 ② 】「明瞭」の効果

　ビジネスのミーティングの場では、ホワイトボードで論点を整理する場面がよく見受けられる。それは、参加者の認識を揃えられるからだ。

　授業では板書することが当たり前と思っているかもしれないが、授業参加者の認識を揃えることが板書の目的のひとつであり、これこそが明瞭の効果を活用しているという紛れもない事実なのである。

　換言すれば、板書をただ書いているだけでは意味がなく、誰が見ても明らかにわかるようにする必要があるといえる。多くの言葉を使わずと

も、わかりやすく書くことが求められることを忘れてはならない。

【板書がもつ四つの効果 ③】「保留」の効果

　当たり前のことだが、板書は消さなければ消えない。結論から言うと、これが保留の効果である。黒板というスペースには限りがあり、教師は**何を書くか、あるいは何を残すかという取捨選択が必要になってくる。**

　つまり、綿密な板書計画を立てることが重要だということである。板書計画を考えるときにおさえるべきなのは、**どの内容がその授業中に何度も出てくる概念や考え方、公式なのか**ということである。いわゆる、授業の肝をおさえるようにしたい。

【板書がもつ四つの効果 ④】「加除」の効果

　「板書の活用がうまい」と思われる教師は、必ずこの加除の効果を意識して板書を考えている。なぜなら、この効果を活用するには、**授業というストーリーをどのように展開するかという明確なヴィジョン**がないと、あらかじめ考えることができないからである。

　具体例として、数学・理科などで、例題と似たような問題を解説するとき、計算の流れはそのままで数値のみが変わる問題を解説することがある。このとき、**数値や式のみを消し（除）、新しい数値や式だけ色を変えて板書する（加）。**これにより、聞き手にも解き方の流れはほとんど変わらないことを印象づけることができ、何より板書時間の短縮になる。

2.　板書の「基本ルール」をおさえる

　ここからは、私が勤務していた塾や学校現場、校内外での研修会での学びや経験から得た板書の基本ルールについて紹介する。板書に使うCHALK（チョーク）になぞらえて「CHALK の法則」としてまとめる。

■【CHALK の法則 ①】Color（色）

　「黒板に書いたとき、チョークの中で一番目立つ色は白色・黄色・赤色のうち、どれだと思いますか？」

これは私が新年度最初の授業で、担当するクラスの子どもたちに必ず聞く質問である。子どもにこの質問について考えさせてから、その理由とともに私の板書ルールを伝える。チョークの目立つ色の順位は、

　＜第1位＞黄色　　＜第2位＞白色　　＜第3位＞赤色

となる。第1位が黄色の理由として、<u>黒と黄色を合わせた色は警戒色と呼ばれ、人間の注目を集める</u>。この組み合わせが踏切や工事現場の表示などの注意を喚起したい場所に使われているのがその代表的な例だ。このように色の使い分けを徹底することが板書では重要なのである。

■【CHALK の法則 ②】 Headline（見出し）

板書における「見出し」とは、授業で学習している単元のタイトルや教科書のページなど、<u>学習している内容を明確にするための目印</u>のようなものである。私が考える「見出し」は、次の3種類がある。

　① ヘッダー

　学習内容・学習している箇所を提示する役割をもつもの。前述のような、教科書がテキストのページ・タイトル・単元名など、学習している内容を示すもの。

　② チェックポイント

　学習内容の重要度を表すもの。たとえば、私の場合、

重　　要…重要な用語や概念、公式

ポイント…問題の解法をスモールステップにまとめたもの

というように、使い分けている。

　③ プラスポイント

　学習内容の理解を補填するもの。教科書に書いていないことをメモ書きにするのも、このプラスポイントにあたる。

■【CHALK の法則 ③】 Account（説明する）

ここでいう「説明」とは、授業内容についての説明ではなく、板書そ

のものについての説明である。具体的には、次のふたつが主なものである。

1. チョークの色使い

　前述の Color（色）のところで書いた通り、色使いを事前に決めることに加え、そのルールを生徒たちに伝えることが重要である。<u>この色使いのルールは、言わなくてもわかることではなく、「言っておくからこそわかること」</u>である。

2. ノートへの写し方

　たとえば、板書を後ほど書き加える際には、「後で書き加えることがあるから、ここを 2 行ほど空けておいてください」とあらかじめ指示を出すことが重要である。なぜなら、そうすることで、生徒たちは効率よく板書を写すことができるからである。授業を受ける生徒の立場になってみれば、こういった一言や配慮がどれほど大切なことかがよくわかるはずだ。他にも、

「後からいろいろと書き込むので、図は大きめに描こう」

「ここはノートを 2 分割して、左に計算過程、右にポイントを書きます」

「あとでプリント貼るページを 1 ページ空けておこう」

というような説明は効果的である。それらの説明をするために必要なのは、<u>事前にしっかりと板書案を練っておくことである。</u>

■【CHALK の法則 ④】 Look back（振り返って見る）

　板書は近くと遠くで見るのでは気づけることが違う。私はこれを「ムシの目」と「トリの目」というふたつの視点をもつと呼んでいる。

　局所的・部分的に細かいところを見る視点を、小さな虫の目にたとえて「ムシの目」、大空から大地を眺めるように広い視野で物事を見る視点を、鳥にたとえて「トリの目」と表現した。

　自分の板書を確認するには、このふたつの視点を意識して使い分けることが重要である。まず、板書を書くときは「ムシの目」で丁寧に確認

する。それから、板書を書いた後、机間指導を兼ねて教室後方に行き、自分の板書を「トリの目」で確認するのである。

　このように書くと当たり前のように聞こえるが、これらを意識して板書している教師が少ないだけに、あなたが教壇に立つ際にはぜひ忘れないでほしい取り組みのうちのひとつである。

■【CHAL**K**の法則 ⑤】**K**indness（親切心・優しさ）

　板書における「親切心・優しさ」とは、<u>授業を受ける生徒の立場になって指示や確認をする</u>ということである。

　これは私自身、学習塾での研修時によく指導された内容でもある。これまで前述している内容以外には、次のふたつを意識してみてほしい。

　① 板書が見えるかどうかの確認

　② 板書を消してよいかの確認

　「たったこれだけ？」と思われるかもしれないが、これらのたったふたつのことを実践しているだけで、生徒たちからは気づかいのある先生だと思われる。

第 *2* 節　学習効果が高まる「発問」について

1.　「発問」がもつ力

　「発問」という行為自体は、教師が授業やクラスで当たり前のように行うことかもしれない。しかし、この発問には大きな意味がある。

　それは、次期学習指導要領（本書執筆時）では、ほぼすべての校種でアクティブ・ラーニング（主体的・対話的で深い学び）に大きく舵を切ることになる。ただし、これは従来の講義型授業というものが一切必要なくなる、というわけではない。

　講義型授業に加え、アクティブ・ラーニング型の授業を併用するのが適切といえる。このアクティブ・ラーニングのきっかけとなるのが「発問」

なのである。ここで発問がもつ、ふたつの力について考えよう。

■発問がもつ力 ① ■　思い浮かべてしまう

「ピンク色のキリンを頭にイメージしないでください」

こう言われると、ついついピンク色のキリン（あるいはキリンのぬいぐるみやキーホルダー）を頭にイメージしてしまわなかっただろうか。

人は言葉で伝えられると、それが禁止を意味するものであっても、思わずイメージしてしまう脳の習性がある。この習性を利用して、発問を繰り返し、生徒たちにいろいろなイメージをしてもらうのである。

■発問がもつ力 ② ■　考えてしまう

「昨夜、あなたは夕食で何を食べましたか？」

私があなたに答えを聞いていないのに、あなたはついつい何を食べたか考えてしまわなかっただろうか。これが発問によって引き起こされる不思議な現象である。

人は発問されると、ついつい自分で答えを探してしまう脳の習性がある。つまり、問いかけておけば、脳は自動的に答えを探し続けてくれるというわけだ。これほど便利な検索エンジンはない。

これが、発問がもつ大きなふたつの力だ。これらを意識すると、効果的な発問ができるようになる。

2.　発問を機能させるための「教材研究」のコツ

授業で発問を活用するためには、事前の準備が大切である。発問を活かした教材研究には、大きく分けてふたつのステップがある。

■ステップ ①　その授業の「ゴール」をはっきりさせる

これは、教育実習や校内研修で再三指導を受けることになる内容かもしれない。発問を考える際、まずはその授業のゴール、つまり習得させたい学習内容、あるいは達成したい事柄をはっきりさせておく。

　　・その授業で何を伝えたいのか

　　・どこが授業の山場になるのか

・どのようなことに気づいてほしいのか

なぜなら、このような授業のゴールが明確でなければ、発問の意図も内容も定まらないからである。

■ステップ②　発問を「デザイン」する

次に、授業のどのタイミングで、どんな発問をするのかを考える。

基本的な授業の流れは学習指導案や板書計画に則って進行し、そこに発問という具体的なアクションを肉付けしていくイメージだ。

①【授業の導入】「軽い発問」を活用

生徒たちが答えやすい「軽い発問」をしつつ、授業内容に関する生徒たちの興味・関心を盛り上げていく。

②【授業の展開】「良い発問」・「重い発問」を活用

授業内容に合わせて、考えさせる「重い発問」や、気づきや学びのヒントとなる「良い発問」を活用していく。特に、「重い発問」をするときには、時間配分やタイミングを配慮するとよい。

③【授業のまとめ】「良い発問」を活用

その授業のめあての確認や達成できたことを、発問を通して振り返る。後味良く次回の授業につなげるためにも、なるべく「良い発問」で締めくくれるように意識したい。

第 3 節　自らを高める「教師の自己研修」について

1.　主な研修の「機会」

第九条　法律に定める学校の教員は、自己の崇高な使命を深く
　　　　自覚し、絶えず研究と修養に励み、その職責の遂行に
　　　　努めなければならない。
　　2　前項の教員については、その使命と職責の重要性にか
　　　　んがみ、その身分は尊重され、待遇の適正が期せられる
　　　　とともに、養成と研修の充実が図られなければならない。

左記は、本書を手に取るような熱心なあなたであれば、よくよくご存知の教育基本法（本書執筆時）第九条である。

　これから教師を目指すあなたには釈迦に説法になるかもしれないが、**教師になって終わりではなく、教師であるためには学び続ける必要がある**。以前に比べ、その学び方については、多種多様な機会や場が生まれ、その学び方の自由度は大きく増した。

　主な研修の場としては、初任者研修や勤務校で行われる校内研修がある。それらに加え、勤務校外で開催される講演会や勉強会、あるいは異業種のセミナーを受けることも考えられる。

2.　さらに「自己を高める」ために

　教師、もっといえば、**大人になったあなたは与えられたものを勉強すればよかった子どもの頃と違い、学ぶことを自分で考え、学ぶことを自分で選んでいく必要がある**。実際、子どもたちや周囲から信頼される教師はこの事実を認識し、実践している。

　研修内容を受け身で聞き、学んだことを知識としてとらえるのではなく、自分の行動にどう活かすかという視点で行動すれば、それだけ知識や技術を身につけやすくなる。

　現代は覚える価値が下がった時代といえる。勉強というと、たくさんのことを記憶することで高い評価を受けてきたかもしれないが、現代では何かを調べようと思えば検索サイトで調べることができる。これは蛇足だが、学生時代に学ぶこと全部をデータ化しても、大容量の USB メモリー 1 本にすべて入ってしまうとも言われている。つまり、記憶することだけに関していえば、人間はコンピュータにかなわない。

　声を大にして伝えたいのは、学ぶことが無駄だということではなく、学び方を変えていく必要があるということだ。**ただ覚えるのではなく、得た知識を活かす**という考え方にシフトチェンジするのである。

インプットとアウトプットを繰り返すこと。これが、学びを加速するための学びのゴールデンサイクルである。

その決定的な事実をここで紹介する。見事、教師になったあなたは、当たり前のように授業準備をして授業に臨むかもしれない。

じつは、その一連の流れは

★**授業準備**（インプット）★　◆▶　☆**授業**（アウトプット）☆

という学びのゴールデンサイクルを繰り返すことに他ならない。

これこそ、教師が授業内容について熟知していく理由だ。このサイクルは生徒たちの学びにも応用できるので覚えておこう。

第 4 節　技術を支える「教師の心」について

1.　教師としての「幅」を広げる

教師としての成長のために…というと、仕事に直結することしか学んではいけないような気もするが、決してそんなことはない。

書籍や映画で自分が知らない世界を知ることもある。それを生徒たちに伝えることができれば、その学びにも意味がある。

もし、あなたが教師としての幅を広げたければ、自分とは異なるタイプの方々をロールモデルとするとよい。食べる物が偏ると栄養が偏るのと同じで、さまざまな人から学ぶほうが、教師として、もっといえば人間としての幅が広がるからだ。

私自身、このことを意識するようになってから、積極的に教育業以外の方々と会う機会を増やすようになった。そこで得た知識や情報を、仕事に活かしたからこそ、今の私があるといっても過言ではない。

学校外の普段と違う人間関係の中に身をおくと、違和感や居心地の悪さを体感することがある。これは生物本来がもつ、心や体が変化を恐れる性質からだ。しかし、そのような環境・状況にこそ、自分自身が成長

するきっかけが隠れていると私は考える。

2. 「自分」を満たし、相手を満たす大切さ

次の質問について、自分なりの答えを 10 個書き出してみてほしい。

「あなたが言われて嬉しい言葉は何ですか？」

これと同じ質問を、新年度、私が担任する生徒たちに尋ね、書いてもらうことにしている。ここで書いた言葉は、あなたが満たされる言葉だ。教師というのは、職業柄、どうしても頑張りすぎてしまい、自分にも、生徒たちにも厳しくなってしまいがちである。

しかし、ここで大切なのは、<u>まず自分の心を満たすこと</u>である。自分を満たすことができなければ、自分以外の誰かを満たす余裕は出てこない。一昔前であれば、「教師は生徒や保護者のために自己犠牲を問わない」ということが美談だったが、今は違う。時代は変わっている。

<u>将来、あなたが充実した教師生活を送りたいのであれば、まずは自分を満たし、自分以外の誰かを満たす働き方を模索しよう。</u>

もしかしたら、今はまだこの言葉の意味がわからないかもしれない。いつか、教育現場に出たときにこの言葉を思い出してほしい。

おわりに（学び続ける教師）

この第 7 章では、実際の現場で教育活動を展開しつつ、執筆・講演活動をしている私からの実践的・実用的な内容を述べさせていただいた。

中には、実際に教育現場に入ってみないと実感がわかない内容があったかもしれない。そうであったとしても、すべて実践をもとに得た知見を網羅したつもりなので、何かの参考にしてくれると嬉しい。

授業というものは、学校における教育活動の根幹であり、<u>授業技術の向上は教師としての「必修科目」</u>といえる。

実際の現場では、クラスや校務分掌による事務処理や書類作成、はたまた部活動や委員会活動などの指導など、あなたはさまざまな業務に追

われることになる。しかし、限られた時間の中であっても、この「必修
科目」については、ずっと学び続けてほしい。

　それが魅力ある教師になるための、一番の近道なのだから。

||||||||||||||||||||||||||||||||||||||||||||||||||||||||||||||||||||||||||||||||||||||

【参考文献】

栗田正行著『わかる「板書」伝わる「話し方」』
東洋館出版社、2013 年

栗田正行著『効率が 10 倍アップする！「時間」を生み出す教師の習慣
東洋館出版社、2014 年

栗田正行著『図解　できる先生の勉強法　できる先生の人脈術』
東洋館出版社、2016 年

栗田正行著『「発問」する技術』
東洋館出版社、2017 年

第 8 章

学習意欲を高める
授業の技術

伊藤 貴昭

はじめに

　幼い子どもの様子を見ていると元気が出てくる。幼い子どもは、何に対しても意欲的に取り組んでいるように見えるからである。たとえそれが「勉強」の要素を含む活動であっても、懸命に取り組み、その成果を誇らしげに見せてくれる。そんな様子を見ていると、子どもたちには無限の可能性があるように思えてくる。

　ところが、学校では様子が一変する。あれだけ意欲的だった子どもが、なぜか学習意欲を喪失してしまっている。国際的な調査の結果を見ても、我が国の子どもたちの学習意欲は突出して低いように感じられる。なぜ子どもたちの学習意欲はこんなにも低いのだろうか。本章ではこうした子どもたちの現状の背景にある心理的メカニズムについて考えていく。

第 1 節　学習意欲とはどのようなものか

　私たちはどのようなときに学習意欲があると感じるだろうか。子どもが何かの課題に対して真剣な表情で集中して取り組んでいる姿を見れば、私たちは学習意欲があるということに容易に気づくことができる。それにもかかわらず、どうしたら学習意欲をかきたてることができるかという問題に直面すると、とたんに途方にくれてしまうのである。本節では、こうした問題に少しでも対処できるように、学習意欲を理解するための基礎的な理論について取り上げる。

1.　生得的な心理的欲求

　幼い子どもが意欲的なのはなぜか。これには、私たちに生まれながらにして備わっている三つの心理的欲求が関係している。それぞれ ①コンピテンスへの欲求（環境と効果的に関わりながら学んでいこうとする傾向性）、②自律性への欲求（行為を自ら起こそうという傾向性）、③関係性への欲求（他者やコミュニティと関わろうとする傾向性）である。これらの欲求がすべて満

たされる状況におかれると私たちは意欲的になるのである。たとえば、子どもは覚えたばかりの遊びを飽きもせず繰り返すだけなく、ときに親にも一緒にやろうとせがんでくることがある。遊びにはこれら心理的欲求を刺激する要素が多分に含まれているからこそ、子どもは意欲的になるのである。

　一方、三つの心理的欲求が十分に満たされないと、私たちの意欲は損なわれてしまう。子どもからの遊びの要請に対し、せっかくだからこれも覚えさせようと、親が余計な色気を出してしまうと、子どもたちは突如として意欲をなくしてしまう。これは幼い子どもに限らない。家庭で頻繁に生じている出来事のひとつに「勉強しなさい」といわれてやる気がなくなったというものがある。職場においても、上司からあれこれ指示されるだけでは、仕事そのものに対する意欲は低下してしまうだろう。これらは基本的欲求のうち自律性への欲求が阻害されているからと考えと理解できる。こうした現象からも、私たちに備わっている基本的な心理的欲求の重要性がわかるだろう。

2.　内発的動機づけ

　いくら幼い子どもが意欲的だからといって、どのような活動でも同じように取り組むわけではない。子どもにとって興味がわくもの、面白いと思えるものが子どもを意欲的にするわけである。

　このように自分が「やりたいからやる」という状態を内発的動機づけと呼んでいる。私たちは興味のあるものに対しては、時間がたつのを忘れてしまうくらい集中してしまうことがある。これはその瞬間まさに内発的に動機づけられているからである。内発的動機づけに基づく学習は、挑戦的な課題に粘り強く取り組むことにつながり、結果的に自分の能力を高め、コンピテンスへの欲求を満たすことになるのである。

　なお、「時間がたつのも忘れて取り組む」というような、いわゆる没入状態のことをエンゲージメントと呼ぶ。エンゲージメントには行動、感

情、認知の側面があるとされるが、要するに「知情意が一体となって活性化している心理状態（鹿毛、2013）」のことである。学習意欲が高い状態というのは、その学習に内発的に動機づけられ、まさにエンゲージメントしているということである。それと同時にその学習がコンピテンス、自律性、関係性という基本的欲求を充足するもの、と解釈することができるだろう。

3.　外発的動機づけ

　内発的動機づけが行動そのものを目的にしているのに対し、目標のための手段として活動に取り組むような状態を外発的動機づけと呼ぶ。「ごほうびをもらうために勉強をする」「早めにやらないと怒られるから宿題をする」というのは、ときに子どもが勉強をする大きな理由になっているが、これは（親が）外発的に動機づけているということである。外発的動機づけとは、すなわち「アメとムチ」を利用して学習意欲をかきたてようとするものである。

　幼い子どもの学びが、内発的動機づけに基づくものであることが多いのは、それがあくまでも「遊び」であることに加え、試験など別の目標のための活動ではないことも大きい。ところが、学校教育においては、徐々に自らの意思とは無関係に、特定の方向に即した学びが期待されるようになっていく。たとえば、筆者は大学の講義でレポートを課すことがある。こうしたレポートをきっかけに、教育について考える機会をもってもらうことに加え、文章作成の能力も磨いてほしいからである。しかし、内発的動機づけをいくら高めることができたとしても、自発的にレポートを書いてくれるようになるとは到底思えない。そのため、レポートの提出を単位付与のひとつの条件とするわけである。まさに外発的動機づけであるといえよう。つまり、外発的動機づけは、ある種の学びを促していくためには必要なものである。

第 *2* 節　学習意欲が低下しているのはなぜか

1.　外発的動機づけの弊害

　教師は授業の中で、子どもの興味関心を高めようとさまざまな工夫を
している。すなわち、内発的動機づけを刺激するための働きかけに力を
注いでいる。しかし、それだけで教師が期待するような学習活動に取り
組んでくれるわけではない。だからこそ「これはテストに出ます」「提出
物は成績評価に反映します」といった外発的動機づけを利用してしまう
わけである。つまり、子どもたちを特定の学習活動に向かわせるため、
教育現場には外発的動機づけが満ち溢れているといえる。実はこうした
教師の熱心な働きかけが、学力レベルを国際的に見ても高いものに保っ
ている理由にもなっているのだが、冒頭でも触れたように、学習意欲そ
のものは低迷してしまっている。この矛盾は外発的動機づけの弊害とい
う見方で理解することができる。

　弊害のひとつとして注目したいのが、アンダーマイニング効果である。
これは外的な報酬が、内発的動機づけを低下させてしまうというもので
ある。たとえば、レッパー（M. R. Lepper 1944 ～）らは子どもの「お絵か
き」を対象に興味深い実験を行っている。子どもの「お絵かき」は内発
的動機づけに基づく行動であると考えられる。ところが、子どもに「絵
を描けばご褒美をあげる」と約束して描かせると、その後自由時間になっ
たときには、自発的に「お絵かき」をすることが少なくなってしまうの
である。つまりご褒美を用いて外発的に動機づけてしまうと、本来はもっ
ていたはずの興味関心を低下させてしまう可能性がある。学校では、外
発的動機づけを利用せざるを得ないことが多いわけだが、皮肉にもそれ
が内発的動機づけを低下させているのである。

　ただし、ご褒美がすべて「悪」というわけではない。先の実験では、
ご褒美をあげたとしても、事前に何も伝えていない場合には内発的動機

づけが低下しなかったのである。ご褒美の内容や与え方によっても意欲に大きな差が生まれてしまうということである。たとえば、ほめ言葉などの言語による報酬の場合には、アンダーマイニング効果は生じないとされている。教師にとって、子どもたちにどのように働きかけるかを考える上で重要な知見であるといえよう。

2. 自己決定の程度

　ここまでの議論からすると、結局のところ外発的動機づけは利用しないほうがいいのだろうか。あとからご褒美を与えるとしても、ほめ言葉による報酬にしても、まずは教師が期待する学習活動を始めてもらわなければほめようがないではないか、というのも事実である。このジレンマが生じるのは、内発的動機づけと外発的動機づけを二分的にとらえているところに原因がある。デシ（E. L. Deci 1942 ～）らが提唱している自己決定理論は、このジレンマを解消する道を探るうえで有意義な見方を提供してくれる。

　外発的動機づけは、いわゆる「アメとムチ」による動機づけであると述べた。しかし、何らかの目的のため、手段として学習活動に取り組んでいるとしても、そこには質的な違いがあることがわかる。たとえば、「叱られるから勉強する」というのは、本人にとってその勉強の価値は認められておらず、「ムチ」を避けることのみを目指して行動しているといえる。一方、「受験で必要だから勉強する」というのは、内容自体にどれほど興味を抱いているかはわからないものの、少なくとも部分的には価値を認めているといえるだろう。すなわち、その行為に対して当人が感じる価値には程度に違いがあり、価値が高まれば自ら行動できるようになるのである。これを自律性（自己決定）の程度という概念で整理したのが図1である。図1からもわかるように、外発的動機づけには自律性の程度によって異なる4つの段階があり、自律性の程度が高まることで内発的動機づけに近づいていくのである。「叱られるから」というのは外的

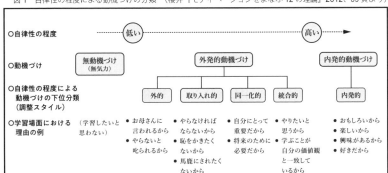

図1　自律性の程度による動機づけの分類　（櫻井『モティベーションをまなぶ12の理論』2012、59頁より）

調整に、「受験で必要だから」は同一化的調整に該当する。

　自己決定理論は外発的動機づけの見方を豊かにしたといえる。学習意欲がない子どもに対して内発的動機づけを高めようと興味を引く話題を提供しても、うまくいくとは限らない。まずは外発的動機づけによって学習に取り組ませるのもひとつの有力な方法である。そして学習を進める中で、自律性の程度をどのように高めていくかを考えればよいのである。自律性の程度を高めるためには、学習内容の重要性や価値を明確にすることはもちろんのこと、自分でやる内容を選ばせるという些細な自己決定感を感じさせるのも有効であろう。私たちに備わっている自律性の欲求を刺激することが大切である。

　一方で、図1の左端には無動機づけが位置づけられている。無動機づけとは、その行為に価値を全く認めていない無気力な状態を指している。図1は自律性の程度が低下すると、無動機づけに近づいていくということも意味している。実はこれが、アンダーマイニング効果の原因である。外的な報酬が大人から与えられると、子どもは報酬のために学習に取り組むようになる。すると、学習自体の価値は学習そのものから切り離され、報酬に置き換わってしまうのである。結果、自律性の程度は低下し、本来もっていたはずの内発的動機づけが消えさってしまうのである。外発的動機づけは使わない方がよいという二分的な見方ではなく、動機づ

けていく中でいかに自律性を支援していくことができるかといった視点
を求められる。

3. 自己効力感

　今、子どもたちの自己効力感が低下しているといわれる。自己効力とは、
「自分にその行動ができるかどうか」という主観的な判断のことである。
たとえば、「期末テストに向けて、やるべきことをリストアップし、計画
的に勉強するとよい」と教師にアドバイスされたとしても、「自分は計画
的に勉強できるとは思えない」と考えていれば、行動に移すのは難しい。
自己効力感が低下しているというのは、「自分にはできない」という認識
をもつ子どもが多いことを示している。

　自己効力の問題を考えるためには、子どもがもつ期待（ある出来事がど
の程度起こりそうかについての予測）について理解しておく必要がある。バ
ンデューラ（A. Bandula 1925 ～）は、図 2 のように期待を効力期待と結果
期待に区別している。このうち、効力期待が自己効力のことを指している。
図 2 は、自己効力感が高まらないと行動につながらないことを示してお
り、学習活動にまずは取り組ませるためには、外発的動機づけに加えて、
自己効力感を考慮する必要があることがわかるだろう。なお、結果期待
とは、「その行動をとれば特定の結果が得られるであろう」という予測の
ことである。このように期待を区別してみると、上記のような教師から

図 2　効力期待と結果期待（Bandura, 1977, p193 より作成）
Bandura, A. (1977). Self-efficacy: toward a unifying theory of behavioral change. Psychological review, 84, 191-215.

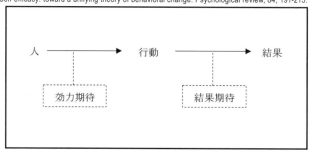

のアドバイスは、「こうすればこうなる」という結果期待を高める働きかけであることがわかる。なかなか子どもたちがアドバイス通りに行動できないのは、そのアドバイスが効力期待を高めることにつながっていないからであると考えれば、新たな手立てが必要にあることがわかるだろう。

第 *3* 節　教師に求められること

1.　子どもを信頼すること

　教育とは「学びを支援する行為」である。三つの心理的欲求からもわかるように、子どもにはみな自ら学んでいこうとする素地が備わっている。言い換えれば、子どもは「学びたがり」なのである。教師はそれを刺激するための触媒として存在しているのだという認識をまずはもつことが大切である。

　そのためには、学びの主人公である子どもを信頼する姿勢が求められる。「これはまだできないだろう」と考え、教師が先回りして教えてしまったり、教えるのを控えてしまったりすることがある。こうした姿勢は、子どものことを考えているからこそ出てくるものではあるものの、それが逆に子どもの学びの機会を奪ってしまっている可能性も否定できない。教師のこうした心遣いは、「何ができて、何ができないか」を教師の側で決めてしまうことで、子どもの自己決定の機会を奪ってしまう恐れがある。たとえば、子どもに「できる・できない」の線引き自体もゆだねることで、自律性を支援していくのも一つの方法である。

　ピグマリオン効果というものがある。これは教師が暗黙のうちにもっている子どもへの期待が、実際の成績などに影響を及ぼすというものである。教師の期待に沿う方向に全員が画一的に進んでいくことが教育の目的ではないが、まずは子どもを信頼し、可能性に期待を寄せる姿勢を見せていくことも重要である。

2. 「できた」という実感

　子どもの主体的な学びが大切だとしても、そこには教師からの働きかけが欠かせない。しかし、これまで述べてきたように、「アメとムチ」で強制するだけでは、子どもの自律性は低下し、内発的動機づけが阻害される恐れがある。子どもの自律性を支援し、自己効力感を高めるはたらきかけが必要となる。

　そのために一番効果があるのは、やはり「できた」という成功体験である。私たちがパズルやクイズに熱中してしまうのは、それができたときの達成感によるところが大きい。仮に外的に強制された学習であったとしても、そのなかで達成感が得られるものであれば、コンピテンスへの欲求が満たされ、次の学習へと向かう原動力となる。

　逆に「できない」経験を繰り返していると、私たちは無力感を感じてしまうため（これを学習性無力感と呼ぶ）注意が必要である。学校は , 失敗できる場所だからこそ成長できるわけだが、失敗続きでは自己効力感は当然高まらない。試行錯誤を繰り返す中で、「できた」という感覚をいかに保障していくかが鍵となる。

　なお、ここでいう「できた」の指標は、テストの結果に限られるものではない。授業中のたった一回の発言やグループへの貢献、あるいは人によっては「今日の授業はよくわかった」という実感など、ささいなところで、その瞬間ごとに達成感を感じるものである。逆に、テストの結果だけを見て、「自分はできない」と感じている子どもがいたとしたら、そういう子どもにこそ、授業のささいなところで「できた」という感覚をもたせられるようにしたいところである。

おわりに（学習意欲を高めるとは）

　本来、学びとは私たち人間にとって必要不可欠なものであると同時に、楽しい活動のはずである。幼い子どもの姿にも表れるように、学びは必然的に私たちをエンゲージメントへと駆りたててくれる。「学習意欲を高

めるためには？」という問いが立てられること自体が、すでに本来の学びの姿からかけ離れたものを前提としていることを認識しておく必要がある。

　とはいえ、知識基盤社会の現代においては、社会的な要請などもあり、子どもが必ずしも望んでいるとはいえないものも学ばせる必要があるだろう。「試験に出る」「入試で出る」が学びの根拠になっているのも事実である。入試制度改革が進められているのは、入試制度が学校での学びを規定している大きな要因になっているからである。しかし逆に言えば、これは学校が入試を理由に学びの本来の意味を考えることを放棄していると見ることもできる。各学校、各教師が本来の学びとは何か。その意味をよく考えるとともに、まずは教師自身が学び続け、学びを楽しむ姿を見せていくことがもっとも大切なことであろう。

||||||||||||||||||||||||||||||||||||||||||||||||||||||||||||||||||||||||||||||||||||||||||
【参考文献】

鹿毛雅治『学習意欲の理論』
金子書房、2013 年

櫻井茂男『自律的な学習意欲の心理学』
2017 年

鹿毛雅治編『モティベーションをまなぶ 12 の理論』
金剛出版、2012 年

宮本美沙子・奈須正裕編『達成動機の理論と展開 - 続・達成動機の心理学』
金子書房、1995 年

波多野誼余夫・稲垣佳世子『無気力の心理学』
中公新書、1981 年

第 9 章
新しい教育方法と ICT

今野 貴之

はじめに

　私たちの身の回りの社会には、スマートフォン、タブレット端末、パソコンなど個人で使用できる機器が日々増えており、日常生活も大きく変化している。このような昨今の情報コミュニケーション技術（Information and Communication Technology）（以下　ICT）の進展は児童生徒が過ごす日常の環境においても影響している。大量の情報の中から取捨選択をしたり、情報の表現やコミュニケーションの効果的な手段として ICT を活用したりする能力が求められるようになっている。

　本章では、近年急速に進展してきた ICT に着目し、ICT を用いた教育方法、情報活用能力、プログラミング教育の視点から授業のあり方を考察する。

第 *1* 節　ICTを用いた教育方法

1.　なぜ ICT を教育で用いるのか

　経験から人は学ぶことが多い。確かにその通りである。経験を通して新しい物事を学ぶと、これまでの物事の見方が変わることがある。それならば学校教育において学習内容をすべて経験から学ばせたらいいのだろうか。しかし、教室の中ですべての学習内容を経験させることはできないし、移動教室や学校外での経験をさせようにも限界がある。では、直接経験して学ぶほかに、人はどのようにして新しい物事を学ぶのか。

　エドガー・デール（Edgar Dale　1900 ～ 1985）は、人は、具体と抽象を往復することで学ぶと説明した。「具体」から学ぶとは直接の経験や目的をもった経験（目的的経験）をすることである。「抽象」から学ぶとは、言語から学ぶことである。言語、言い換えれば人が作り出した記号を介して、新しいことを知るのである。ひとつの物事を学ぶ際には、これらの具体と抽象を繰り返すことが必要であるといわれている。

　デールは具体と抽象の間を埋めるような経験の三角錐を示した（図1）。

これは、図の上部である三角錐の頂点は抽象を、底辺が具体を表している。頂点の抽象から底辺の具体に向けて、矢印やイラストなどの視覚的象徴、テレビ・映画、ひな形体験、目的的経験と続いていく。この円錐に表現されている事例は現代に適さないこともあるが、大事なことは児童生徒

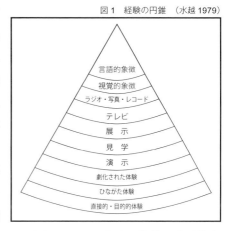

図1　経験の円錐　（水越 1979）

が直接経験できないことがあるのはもちろんで、半分具体的で半分抽象的なモノを用いることで彼らの理解につがなるということなのである。

　この半分具体、半分抽象のモノが ICT である。このような ICT を授業で用いることによって児童生徒が直接経験していない物事でも、彼らにとって理解しやすくなるのである。

2.　ICT の効果的な使い方があるのか

　ICT を用いることで、児童生徒にとってわかる授業が実践しやすいことが報告されている。ICT の授業での用い方に関しては文部科学省をはじめ各自治体の Web サイトから学習指導案、教材・素材（指導事例、研究資料、研究報告書など）、指導資料（指導事例、研究資料、研究報告書、パンフレットなど）を検索・閲覧することができるようになっている。もちろんそれらは最新の ICT を用いた事例だけではなく、各地域の特性を踏まえた内容から各教室でおこなわれる個に応じた指導事例まで、校種・教科・単元の枠を超えた知見が日々蓄積されている。

　しかし、教室で起きる出来事や児童生徒の状況は異なるために、似ている地域を参考にしようとしても、その事例がそのまま自分の教室へ適応できるわけではなない。そのような中で、「どの教科、どの単元、どの

学習場面で ICT を用いるのが良いのか」「どうしたら効果的・効率的に ICT を活用できるか」という疑問が生まれる。

　これらの疑問の根底には、ICT の使い方には唯一の正解があり、そのとおりに使うことで成果があがるという考え方がある。

　教科の一斉指導において、学校放送番組や ICT の活用が単元全体において、どのようになされているか、その目的・頻度・タイミング等について調査した研究がある（高橋ほか 2008）。調査の結果、三つのことがわかった。第 1 に、単元中の各授業において授業時間の全て ICT を用いて授業を進めていた場合はほとんどなく、授業の一部の時間を使って一回ないしは複数回、それぞれの教師が考える時間幅やタイミングで用いられていたことである。授業を単位にして調査した他の研究においても、ICT 等の活用は、授業時間全体ではなく授業の短い時間で複数回活用されるなど、それぞれの教師に依存して用いられていたことがわかった。

　第 2 に、単元中で最も多い活用の方法は、実物投影機（書画カメラ）による教科書やノートの拡大提示であることである。対象とした教師ごとに、学校放送番組、デジタルコンテンツ、実物投影機による教科書等の拡大などの教師の活用と、児童生徒による ICT 機器の活用などその他の ICT 活用の回数と割合を整理すると実物投影機の活用が多かったことがわかった。

　第 3 に、単元中で最も多い活用の目的は、教師の説明資料のための活用であることである。学校放送番組、デジタルコンテンツ、実物投影機のいずれの活用方法においても、最も回数が多い活用の目的は教師の説明資料のためであった。次に、動機づけ、繰り返しによる定着であった。つまり、活用の方法が異なっても、最も回数が多いのは教師の説明資料のための活用であることから、教師による活用方法の選択は指導する内容の特徴に依存している可能性が示唆される。

　以上の調査結果から「ICT の効果的な活用方法とは何か」という質問に対する答えとしては、効果的な活用方法は教師が児童生徒や教室の状

況を踏まえて教師自らつくるものであるといえる。

3. 日常的に ICT を用いるためには

　ICT を含む全ての教材は、教師や児童生徒にとってプラスの効果、マイナスの効果にもなる。ICT をつかえば自ずと児童生徒への学習効果を導いてくれるわけではない。日常的に ICT を用いるうえで大事なポイントは四つある。

　第 1 に、授業設計である。まず ICT を用いなくても行えるような授業を設計する。次にその授業の一部を ICT に置き換えた方が児童生徒の理解が進んだり、教師の授業準備が楽になったりするようであれば ICT を用いれば良い。つまり、ICT を用いてどのような授業ができるのかという視点ではなく、そもそもの授業設計を検討する必要がある。その上で、自身が行おうとしている学習活動は、従来の黒板や教科書といったアナログの教具・教材でしかできないことなのか、ICT のようなデジタルにしかできないことかを認識することになるだろう。この授業設計ができていれば、たとえ授業中に ICT が想定したように動かなかったとしても、授業のねらいが達成できるような手立てが取りやすくなる。

　第 2 に、教師が普段から使い慣れているものでなければ授業では使えないことである。例えば、自分がよく使用しているタブレット端末を用いて、プロジェクタや大型モニタにつなぎ、社会科などで街の写真を映したいと考えた場合、どこにカメラのアプリがあり、どのような写真があるのか、あるいはどんなデータが入っているのかを把握しているからすぐに授業でも使うことができるだろう。一方、他人のタブレット端末を使用しなければならない場合、たとえ同じ機種のタブレット端末でも自分のものとは違うアプリが入っていたり、データを見つけるのに一手間かかったりすることが想像できる。使い慣れていないものをいきなり使うのは避けた方が良いだろう。一方で、その使い方も含めて児童生徒と共に学びあいながら進めていくような授業にすることも可能だろう。

どのような授業設計にするかが重要となる。

　第3に、機器の移動、配置、配線、調達の手間を最小限にすることである。例えば授業でプロジェクタとパソコンをつないで映像を視聴させたいと教師が考えたとしても、授業前にプロジェクタの設置やパソコンの設定を行うのは時間がかかるだろう。前日や休み時間に準備していればよいかもしれないが、多忙な教師の仕事内容の中でICTを使用するたびに、教室に必要な機材を運んで準備していては日常的に授業でICTを使うことは限りなく現実的ではなくなる。つまり、日常的にICTを用いた授業をおこなうためには、教室への常設が必要である。これをすることで、教師が教室へICTを運ぶ時間が削減されるだけでなく、ICTが教室に常にあるからこそ授業のイメージをもちやすくなることや、電源ケーブルなどの抜き差しがなくなるためトラブルが起きにくくなるなどのメリットも生まれる。

　第4に、既存教材を用いることである。教材をゼロから作ることで、心がこもっている、教師が授業を行いやすいように作ることができるなどの良い点もある。しかし、授業準備や教材研究に時間がかかるという点もついてくる。そこで、すでに作成されている既存教材を、自分が行う授業のねらいを達成するために役立てられそうか否かを検討してみることも大事となる。例えば、NHK for Schoolは小学校を中心とした番組が約2000本、学習内容のエッセンスをまとめた動画クリップが約7000本、その他に図鑑や指導案が公開されている。教師は自分で授業しやすいものを作ることも大事なことだが、児童生徒にとってわかりやすい教材であることが何よりである。教材をゼロから作り時間をかけるよりも、既存教材を授業でどのように使うのかという教材研究に時間を費やすことも必要であろう。

第 *2* 節　情報活用能力

1.　すべての基盤となる情報活用能力

　近年、情報や知識が日常生活や社会生活の基盤をなす知識基盤社会といわれている。知識基盤社会は、日々変化する社会である。このような社会において ICT は急激な進展をみせ、グローバル化する経済活動、国境を超えた人の移動など、社会は複雑化し 10 年先の未来をも予測することが難しい。

　これまでの学校教育では、「何を知っているか」が重要とされ、それが評価されてきた。しかし、知識基盤社会ではそれだけでは十分ではない。知識を習得していることに加え、その知識を問題解決のために活用することができるかが問われている。

　ICT を使いこなし、情報を処理する力の名称は国や組織により異なり、情報活用能力や ICT リテラシー、情報リテラシーなど多様な用語があてられている。これらは基本的には、ICT を活用して情報を収集・編集・発信していく能力と捉えることができる。このような情報活用能力の育成はこれからの社会に重要であることが世界的にも確認されている。

表 1　情報活用能力の 3 観点と 8 要素（文部科学省 2006）

情報活用の実践力	・　課題や目的に応じた情報手段の適切な活用 ・　必要な情報の主体的な収集・判断・表現・処理・創造 ・　受け手の状況などを踏まえた発信・伝達
情報の科学的な理解	・　情報活用の基礎となる情報手段の特性の理解 ・　情報を適切に扱ったり、自らの情報活用を評価・改善するための基礎的な理論や方法の理解
情報社会に参画する態度	・　社会生活の中で情報や情報技術が果たしている役割や及ぼしている影響の理解 ・　情報モラルの必要性や情報に対する責任 ・　望ましい情報社会の創造に参画しようとする態度

日本における情報活用能力は、文部省が 1998 年に初等中等教育におけ
る系統的・体系的な情報教育の在り方として「情報活用の実践力」「情報
の科学的な理解」「情報社会に参画する態度」の 3 観点にまとめた。そし
て 2006 年には、それらを 3 観点 8 要素に詳細化された（表 1）。

　情報活用能力はその内容を「知識」としてではなく、「資質・能力」と
して捉えている。それらの育成においては、知識を使って児童生徒自身
が活動することを通し、世の中のことについて理解を深めたり、さらな
る活動を行ったり、信念を変えたりしていくことをねらっている。この
情報活用能力は「情報リテラシー」と同じ意味でも用いられている。

2.　学校教育における情報活用能力育成の現状

　情報活用能力が児童生徒に十分に育成されていないことが報告されて
いる。2014 年に実施された調査において、情報活用能力のふたつの問題
点が示された。ひとつは、児童生徒は整理された情報を読み取ることは
できるが、複数のウェブページから目的に応じて、特定の情報を見つけ
出し関連付けることが苦手なことである。もうひとつは、収集した情報
を整理・解釈し、受け手の状況に応じて情報発信することが十分でない
ことが示された。つまり、知識を習得することはできるが、その知識を
自分の理解と解釈して、目的や相手に会わせて編集し、発信していく資質・
能力が十分に育っていないことが分かった。

　学校では、国語や算数などの教科を通して、文章作成や計算の方法な
どを学ぶ。しかし、何のために文章作成や計算を使うのか、これらの知識・
技能を使ってどのような問題を解決しようとするのか、児童生徒自らが
目標を設定したり、問題を特定して解決に向けて取り組んだりすること
は少ない。このような学習では、提示された情報を理解することはでき
ても、目的に合わせて多様な情報を収集し、それらの情報を互いに関連
づけて編集し、わかりやすく提示する力をつけることは難しい。

　情報活用能力は、児童生徒が置かれた状況の中で、意味のある活動と

して捉えられて初めてその威力を発揮することができる。そのためには、教室の中で使い方だけを教えるのではなく、実際に活用する社会の場面を学校教育の中で用意して使いこなしていくことが必要である。

3. 情報活用能力を育成するには

　情報活用能力は複合的な能力であり、教科横断的に育成したり、実際に活用する社会の場面の中で育成したりすることが求められる。

　情報活用能力を、児童生徒の発達の段階を考慮し、それぞれの教科などの役割を明確にしながら教科横断的な視点で育んでいくことができるように情報活用能力の体系表例が文部科学省から示されている（文部科学省2018a）。

　この体系表例は、知識及び技能、思考力・判断力・表現力等、学びに向かう力・人間性等の情報活用能力の要素の分類と、知識及び技能、思考力・判断力・表現力等、学びに向かう力・人間性等、要素ごとに情報活用能力の発達の段階などを踏まえた5段階（ステップ1～ステップ5）の具体例が示されている。ステップ1は小学校低学年の段階、ステップ5は高等学校修了段階をそれぞれイメージしている。とはいえ、情報活用能力を各学校のカリキュラム（教育課程）へ位置づけていかねばならないし、小学校段階では専用の教科書がある訳でもない。それでも、教科を横断的に指導するべき学習の基盤となる資質・能力として、今後、ますます重要視されるようになるだろう。

　変化が激しく、将来を予測することが難しい知識基盤社会の中で学び続けていくためにも情報活用能力は、すべての人々が身につけるべき資質・能力である。時代の変化を受け止めながら、その育成を図っていく必要がある。

第 *3* 節　プログラミング教育

1.　時代とともにつくられる○○教育

　近年では、環境教育、オリンピック・パラリンピック教育、主権者教育など、いろいろな「○○教育」がある。すでに数十の「○○教育」が存在している。しかし、ここ数十年の学校教育の時数は、ほぼ変わらない。この数十の「○○教育」をカリキュラム（教育課程）・単元・授業に落とし込めるのだろうか。

　新しい「○○教育」が登場してはいるが、その内容は従来の教育において行われてきたことを強調していると理解しても良い。例えば、プログラミング教育が大切にしていることのひとつは「論理的思考力」である。論理的思考力については教科教育の中でも、先に述べた情報活用能力の中でも重要視されてきた資質・能力のひとつである。つまり、プログラミング教育は新しい教育方法ではなく、言い換えれば、これまでの教育で大事とされてきた一部の資質・能力を強調しているのである。これは他の「○○教育」でも同様のことと言えるだろう。

　プログラミング教育は、世界的はコンピュータ科学の基礎的な学びとして STEM/STEAM（Science, Technology, Engineering and Mathematics / Art）教育の一環としておこなわれている。例えば、世の中を支えているモノの作られ方の理解を通して、これからの時代に必要となる資質・能力の育成を目指している。小学校プログラミング教育の手引き（第二版）（以下 手引）によると、ねらいとしては以下の三つが示されている。

　　①「プログラミング的思考」を育むこと

　　②プログラムの働きやよさ、情報社会がコンピュータなどの情報技術によって支えられていることなどに気づくことができるようにするとともに、コンピュータ等を上手に活用して身近な問題を解決したり、より良い社会を築いたりしようとする態度を育むこと

③各教科等の内容を指導する中で実施する場合には、各教科等での
学びをより確実なものとすること

　ここでいうプログラミング的思考は「自分が意図する一連の活動を実現するために、どのような動きの組み合わせが必要であり、ひとつひとつの動きに対応した記号を、どのように組み合わせたらいいのか、記号の組み合わせをどのように改善していけば、より意図した活動に近づくのか、といったことを論理的に考えていく力」と定義されている。さらに手引では、「プログラミングに取り組むことを通じて、児童がおのずとプログラミング言語を覚えたり、プログラミングの技能を習得したりするといったことは考えられるが、それ自体をねらいにしているのではない」というように、プログラムの書き方を覚えることが目的ではないとも強調されている。児童生徒にパソコンやロボットに触れさせ、プログラムの書き方を体験させるだけでは十分とは言えないのである。

　「こんな手順でコンピュータは動いているんだ」「自分が使っているものを作った人たちがいて、そのおかげで暮らせているんだ」という理解や態度は、これからの時代を生きる子供たちに必要な素養であり、小学校からある程度の体験的な学習を通して身近な生活でコンピュータが活用されていることや、問題の解決には必要な手順があることに気づくことが求められている。

　このようなプログラミング教育は、日本では情報活用能力の一部としても捉えられている。

2.　教科にとけ込ませて論理的思考力を育成する

　プログラミング教育によって論理的思考力が育成されるといわれる。これはプログラミング教育を行う理由のひとつとされる。自分の経験や調査結果、観察や実験の結果などの根拠の中から適切なものを選んで自分の考えを伝えるような多様な考え方を含んでいる論理的思考と、プログラミングの関係について図2のように示せる。論理的思考力の一部に

プログラミングに必要な論理的思考力が含まれており、その逆はないのである。

図2　プログラミングと論理的思考　（黒上・堀田2018）

　プログラミングは論理の筋道を可視化するためのツールとしてフローチャートがあり、それで表されたアルゴリズムをコンピュータに落とし込んでいくことである。小学校で重要なのは考え方を可視化できるように、自己の考えの筋道を客観的に捉える力を育成することであるといえる。初等中等教育では、社会人として持つべき素養を経験するという側面があり（堀田2018）、まさにこのような目的でプログラミング教育も導入される。

　先に述べたように、「〇〇教育」は従来の教育においても目指されてきた資質・能力の育成を、近年の状況に合わせて強調していることから、体験を通して問題解決能力や論理的思考を育むように、各教科の中にとけ込ませていくことが必要である。

おわりに（ICT と学び続ける教師）

　ICT の進展により、教室内の学習環境が徐々に変わりつつある。それは学校教育の外の社会と徐々に近づいているとも言える。教師自身が受けたことのない教育方法を、児童生徒へは行わなければならない状況で

ある。なぜ ICT を教育に用いるのか、どのように用いるのか、○○教育のように諸々の新しいツールや用語が登場しているが、大事なのはどのような児童生徒を育てたいのかという「将来の児童生徒の姿」である。その「将来の児童生徒の姿」を目指していくために、ICT を用いた方が良ければ用いれば良いのである。ICT の機能を十分に活かし効果をはっきりと見出すような「活用」を目指していたつもりが、教師や児童生徒にとって ICT を使わない方がよかったと言われるような「誤用・乱用」にならないように気をつけたい。これらが教師は常に学び続けねばいけないという所以のひとつである。

【参考文献】

堀田龍也（編著）『新学習指導要領時代の間違えないプログラミング教育』
小学館、2018 年

黒上晴夫・堀田龍也『技術教育 MOOK　プログラミング教育：導入の前に知っ
ておきたい思考のアイディア』
小学館、2017 年

水越敏行『授業改善の視点と方法』
明治図書、1979 年

文部科学省「教育の情報化の推進」
〈 http://www.mext.go.jp/a_menu/shotou/zyouhou/detail/1400796.htm 〉
2018 年 a

文部科学省「小学校プログラミング教育の手引き（第二版）」

〈 http://www.mext.go.jp/a_menu/shotou/zyouhou/detail/1403162.htm 〉
2018 年 b

文部科学省「初等中等教育の情報教育に係る学習活動の具体的展開について」
〈 http://www.mext.go.jp/a_menu/shotou/zyouhou/1296899.htm 〉
2006 年

NHK for School
〈 https://www.nhk.or.jp/school/ 〉
高橋純 , 木原俊行 , 中山実 , 武田一則 , 桑山裕明 , 宇治橋祐之 , 佐藤知条「小学
校の学習単元における学校放送番組や ICT の活用に関する調査」『日本教育工
学会研究報告集』08-5、pp.165-170、2008 年

第 10 章

これからの教育評価

遠藤 貴広

はじめに

本章では、新しい教育の理論と方法について、教育評価・学習評価の視点から議論を行いたい。まず第1節では、前提となる学習観を明らかにした上で、教育評価・学習評価の機能・主体・対象の面から、これからの学びを支える評価のあり方を確認する。続く第2節では、資質・能力の形成を支える評価の方法として注目されるパフォーマンス評価とポートフォリオ評価について解説を行う。そして第3節では、実践上の課題として評価の信頼性確保をめぐる問題に注目し、その問題を解決するための取り組みとして営まれているモデレーション活動が、位置づけ方によっては民主主義を支えるコミュニケーションの基盤につながることを指摘した上で、この視点から学習評価のツールとして多くの学校現場で使われるようになっているルーブリックの位置づけ直しを図りたい。

第 *1* 節　学びのための評価のあり方

1.　前提となる学習観

子どもは教師に教わる前から何らかの知識や概念を持っている。そして、その知識や概念に基づいて、自分なりの解釈や説明を行っている。したがって、教師が何かを提示しても、それをそのまま受け入れるわけではない。自分が持っている知識や概念に合うように組み換えているのである。もし提示されたものが自分の解釈や説明に合わなければ、無視することもある。

これは、子どもの頭の中は真っ白で、そこに「科学的な」知識を詰め込んでいかなければならいとする学習観とは全く異なるもので、「構成主義（constructivism）」と呼ばれる。構成主義の学習観に基づくと、子どもがすでに持っている知識や概念をどう組み換えていくかが、学習の中心課題となる。

子どもが日常経験に基づいて作り上げた「自分なりの」概念を「素朴

概念」と呼ぶことがある。例えば、「物が燃えると軽くなる」、「電流が電池の＋極と−極から出て衝突するから豆電球がつく」、「昼と夜ではロウソクの光が届く範囲は異なる」といったものである。

　子どもの素朴概念は、科学的概念からすると誤概念となるが、自分の日常経験から理論化されたものだけに、たいへん強固なものである。授業で科学的概念を身に付けたかに見えても、それは次第に忘れ去られ、結局、素朴概念が復帰してしまうということはよくある。そこで、素朴概念の組み換えの様相を把握することが、学習の成果を確認する上で重要になってくる。

　まず、学習前に子どもがどのような素朴概念を抱いているかを把握しておく必要がある。持っている素朴概念次第で、学び方は全く違ってくるからである。

　次に、素朴概念と矛盾する科学的概念が提示されることで、その子にどのような葛藤が引き起こされるのか、具体的に把握する必要がある。葛藤の様相により、以後の学習方法が変わってくるからである。

　さらに、学習後、素朴概念がどのように組み換えられたかを、教師だけでなく子どもも確認しておく必要がある。自分の素朴概念の問題点を認識した上で、それを意図的に組み換えるということをしないと、授業で提示された科学的概念も容易に剥落してしまうからである。

2.　教育評価の機能

　上のような学習を支える教師の営みは、それぞれ「診断的評価」「形成的評価」「総括的評価」という言葉で整理されている。それは、フィードバックの仕方の違いによる区別である。

　診断的評価は、学習の前提となる学力や生活経験の実態を把握するために行われるもので、そこで得られた情報は、その学習の目標作りや指導計画作成にフィードバックされる。特に、既有知識の再構成を学習と考えると、学習前に子どもがどのような知識を持っているかを把握し、

その知識を授業でどう組み換えていくかを構想することが指導計画に不可欠となる。

　形成的評価は、学習がねらい通り展開しているかどうかを確かめるために行われる。これは、指導計画や学習活動の改善・修正に役立てるもので、成績付けには用いられない。したがって、例えば毎時間小テストをしてその点数をもとに成績付けを行うというようなことは、形成的評価としては認められない。重要なのは、指導計画や学習活動の改善・修正に寄与するかどうかであって、そのために効果的なフィードバック情報を与えられる方法であるなら、毎時間の小テストである必要はない。

　総括的評価は、実践を振り返り、教育目標の最終的な実現状況を確かめるために行われる。この結果に基づいて成績付けも行われる。成績付けは基本的に最初に設定した目標に照らして行われる。ただし、このとき、設定してあった目標だけにとらわれないで、「この単元で何を学んだのか」「最初と比べて考え方にどのような変容が生まれたのか」といったことを全体的に把握すること（ゴール・フリー評価）も必要である。

3.　誰が何を評価するのか

　評価は基本的に、自分の活動を改善・修正するために行われる。したがって、例えば「学習評価」は、学習の主体である子ども自身が自分の学習活動を改善・修正するために行う。学習を評価するのは基本的に教師ではなく子どもと言っていいだろう。

　とはいえ、教師が子どもの学習を細かく見ているのは確かである。ただ、そこで教師が行っているのは、子どもが学習活動を点検・確認し改善・修正するのを助けることである。教師は子どもが学習を評価するのを助けてはいるが、「学習評価」そのものを行っているのは子ども、という構図である。

　では、教師が行う「教育評価」は、何を評価するものなのか。それは、教師自身の教育活動である。例えば、教師が子どもの学習物を採点して

成績付けを行っているが、これは「評定」と呼ばれる行為で、狭義の「教育評価」とは区別される。この評定の結果は、次の教育活動の改善に活かされて初めて「教育評価」となる。教師は子どもの学習状況や学力の実態を見て自分の教育活動を評価しているのである。

　学校で実践されるカリキュラムは、教育目標の実現に向けて教師が編成した実験的なものである。そこで、実践終了後の子どもたちの学力実態から、そのカリキュラムが教育目標の実現に有効なものであったかを検証する必要がある。優れた教育実践には、子どもが何をどう学んだか、それに教師がデザインしたカリキュラムがどう寄与したかを振り返り、その結果に基づいて実践を修正していくシステムが埋め込まれている。これを評価活動として自覚的に行うのが「カリキュラム評価」である。

　「授業評価」は、教師がデザインした教材・教具ないしは教授行為・学習形態が子どもの学習にどう寄与しているかということに焦点化したものであるが、これも基本的にカリキュラム評価につながるものでなければならない。

第 2 節　パフォーマンス評価とポートフォリオ評価

　日本の学校教育では 1990 年代後半から、ある特定の文脈での人のパフォーマンス全体を直接的に評価する「パフォーマンス評価」や、学習過程で生み出される作品や記録を系統的に蓄積したポートフォリオを用いて評価を行う「ポートフォリオ評価」に取り組まれるようになっている。これらは、従来のペーパーテストに代わる新たな評価方法であるという点で「代替（オルタナティブ）評価」と呼ばれたり、現実世界で大人が直面するような課題に取り組ませる中で評価活動を行おうとするという点で「真正の（オーセンティック）評価」と呼ばれたりすることもある。

1. パフォーマンス課題

　パフォーマンス評価では、高次の能力を可視化させ、直接的に評価できるようにするために、ひとまとまりのパフォーマンス課題が用いられる。プレゼンテーション、ディベート、演技、演奏といった実演を求めるものが代表的であるが、レポート、論文、ポスターといった作品の制作もパフォーマンス課題に含まれる。いずれも、特定の現実的な状況・文脈での問題解決の遂行を求めるものである。また、知識、技能、態度といった能力を構成する要素を切り出すことはせず、それらを特定の状況で結集し統制することを求めるものである。

　パフォーマンス課題設定の方法としては次のような手順が提案されている（西岡、2016、91頁）。

> ① 単元の中核に位置する重点目標に見当をつける
> ②「本質的な問い」を明確にする。
> ③「本質的な問い」に対応して身につけさせたい「永続的理解」を
> 　明文化する
> ④「本質的な問い」を問わざるをえないような文脈を想定し、パフォー
> 　マンス課題のシナリオを作る。

　ここで「本質的な問い」とは、「知識やスキルを構造化することを促し、深い理解を看破することを促すような問い」のことである（西岡、2016、56頁）。また、「本質的な問い」に対する解答例のような形で「永続的理解」を明文化することも求められているが、それは「大人になって知識やスキルの詳細を忘れ去ったとしても、なお残っているべきであるような重要な『理解』」のことである（西岡、2016、47頁）。

　思考力・判断力・表現力といった高次の能力の育成に向けては、単に子どもたちに何か活動をやらせるというのではなく、単元の中核にある重大観念について思考し判断することを求める「本質的な問い」が位置づいていないと、パフォーマンス課題としてはうまく機能せず、表面的

な活動にとどまってしまう。

2. ツールとしてのルーブリック

　パフォーマンス課題の遂行状況の評定にあたっては、ルーブリックと呼ばれる採点指標が用いられる。それは、ひとまとまりのパフォーマンスの質を複数の側面から採点するための指標で、質の高さのレベルを示す尺度と、それぞれのレベルのパフォーマンスの特徴を示した記述語からなる。ルーブリックにより、実演や作品の審査の信頼性を高めると同時に、それを学習活動の初期段階から生徒に示すことで、生徒の自己評価を促すことが目指される。

　ただし、同じルーブリックと言っても、観点ごとに採点を行う分析的な観点別ルーブリックもあれば、観点を分けずに採点を行う包括的な全体的ルーブリックもある。また、どのパフォーマンス課題でも用いることができる一般的ルーブリックもあれば、特定のパフォーマンス課題でしか用いられない課題特殊的ルーブリックもある。さらに、特定の時期にだけ対応するルーブリックもあれば、学期・学年・学校段階をまたいで長期にわたる成長を描き出す長期的・発達的ルーブリックもある。

---

①パフォーマンス課題を実施し、学習者の作品（完成作品や実演）を集める。

② パッと見た印象で、「5　すばらしい」「4　良い」「3　合格」「2　もう一歩」「1　かなりの改善が必要」という5つのレベルで採点する。

③それぞれのレベルに対応する作品群について、どのような特徴が見られるのかを読み取り、話し合いながら記述語を作成する。

④ 一通りの記述語ができたら、評価が分かれた作品について検討し、それらの作品についても的確に評価できるように記述語を練り直す。

⑤必要に応じて評価の観点を分けて、観点別ルーブリックにする。

ルーブリックの作り方としては、たとえば前頁のようなプロセスが知られている（西岡、2016、103頁）。

　このようにして策定されたルーブリックは「評価基準表」と訳されることもある。しかし、ルーブリックは生徒の具体的なパフォーマンス実例を検討することから生み出されるという点で、一般的・抽象的な目標を分析することによって策定される従来の評価基準表とは発想が異なる。

3.　ポートフォリオの諸類型

　パフォーマンス課題を遂行する過程で生み出される作品や、ルーブリックを用いて行った自己評価の記録は、それ自体が重要な学習や評価の資料となる。それはファイルやフォルダに収められることが多いが、そのファイルやフォルダは「ポートフォリオ（portfolio）」と呼ばれ、学習や評価の重要なツールとなっている。

　ポートフォリオという言葉は、イタリア語の portafoglio に由来し、運ぶことを意味する portare と、葉や紙を意味する foglio をつなげた言葉で、元々は、書類を入れて運ぶケースを指す言葉である。それが、芸術分野では、自分を売り込む作品を収めた鞄を指すようになり、また金融分野では、投資家が分散投資した金融商品の組み合わせを指すようになり、そして学校教育では、学習過程で生み出される作品や記録を系統的に蓄積し整理したファイルやフォルダを指すようになっている。

　ただし、同じ学校教育で用いられるポートフォリオと言っても、その形式や用法は多様である。たとえば総合的な学習の時間において、探究過程で生み出された作品や記録を蓄積し、それを適宜振り返りながら、探究の進展や自分の成長を確かめ、新たな学習活動の指針となる基準を見いだしていくのにポートフォリオが用いられている。また、教科学習において、所定の基準を満たしたことを示す作品や記録を収め、観点別学習状況の評価や教科全体の評定を行うのにもポートフォリオが用いられている。さらに、卒業認定や入学試験といった上級学校への接続にお

いて、特定分野での最良のパフォーマンスを示す作品や記録を収め、卒業や入学の判定材料とするのにもポートフォリオが用いられている。

こうして、従来の標準化されたペーパーテストのみでは把握することができなかった学力の質や学習のプロセスや子どもたちひとりひとりの成長・発達を多面的・多角的に評価することが、上記のような多様なポートフォリオによって試みられるようになっている。

4. ポートフォリオ検討会

ポートフォリオを用いた学習や評価においては、教師が一方的に子どもたちの学習成果を評価するだけということは稀である。定期的に子どもと教師で、あるいは子ども同士で、さらには保護者や地域住民も交えて、ポートフォリオの内容について協議する「検討会（カンファレンス）」の時間を持つのが一般的である。

子どもの自己評価能力の形成に向けては、子どもと教師が評価基準をすり合わせながら進める検討会が多く実践されている。このとき教師は、子どもたちに自分の探究活動についての自己評価を語ってもらい、その証拠となる作品や記録をポートフォリオの中から取り出して確認しながら、想定していた目標や評価基準を協働で吟味し、共通理解を図ることが目指される。この過程の中で子どもたちは、より妥当性の高い評価基準を見いだすようになり、より的確に学習活動の改善・修正を行えるようになる。こうして、自分たちの取り組みについての省察を深め、メタ認知の精度を高めていくことも重視される。

第 3 節　民主主義を支えるコミュニケーションの基盤

1. 信頼性確保の土台

2019 年の指導要録の改訂に際し、パフォーマンス評価やポートフォリオ評価に向けた動きも改めて求められているわけだが、このような新た

な評価法については実践上の広がりが阻まれているところもある。その最大の要因は、信頼性の確保の難しさである。パフォーマンス評価やポートフォリオ評価には個性的な側面が多くあるため、同じものでも、評価する人によって、あるいは評価する時期によって評価結果が大きく異なってしまうことが多くあり、成績評定や卒業認定、入学者選抜といった高い信頼性を要する場では避けられがちであった。

例えばルーブリックは、パフォーマンス課題の遂行状況を評価するための基準を公開・共有することで、信頼性を確保するための努力にもなっている。しかし、同じルーブリックを用いて評価しても、評価する人によって評価結果が異なることは多くある。そこで、複数の評価者ないしは複数の評価チームが同じ作品例を評価し、その評定結果を比較・検討しながら、評価基準についての共通理解が図られる。それは評価基準についての解釈の仕方を調整する営みでもあることから、「モデレーション」と呼ばれる。

このモデレーション活動は、評価能力を高めるための研修として位置づけられることも多い。評価基準について共通理解を図ろうとする中で、評価事例として取り上げられる作品について多様な見方が示され、それが、子どもたちの作品やパフォーマンスを見る目を鍛えることにつながる。こうしてモデレーション活動は、評価の信頼性確保のためだけでなく、教師の教育的鑑識眼を鍛えるためにも重要な位置を占める。

一方で、一度モデレーションのような調整が行われたとしても、時間の経過と共に評価基準の解釈の仕方は徐々にずれてくる。そこで、定期的に「原器」となる採点事例を確認し、評価の基準や尺度そのものを補正することも必要となる。それは物理量測定器の較正（目盛補正）作業になぞらえて「キャリブレーション」と呼ばれる。キャリブレーションは、複数の採点者が集まってのモデレーションなしでも取り組めることから、採点者の負担軽減のためにも構想されている。

2. 判断基準を問い直す学習としてのモデレーション

2000年以降の教育評価論においては、総括的評価や評定のみを前提とした「学習の評価（assessment of learning）」から、診断的評価や形成的評価を強調した「学習のための評価（assessment for learning）」へ、さらに省察や自己評価やメタ認知を強調した「学習としての評価（assessment as learning）」へと、研究の焦点が拡張しつつある。パフォーマンス評価やポートフォリオ評価といった「真正の評価」に向けた取り組みは、それ自体が探究や学習の重要な過程となり、「学習としての評価」に位置づくものである。

この取り組みをより確かなものにするために重要になるのが、教育評価への子どもの参加という視点である。学習活動の早い段階でルーブリックが共有される場面に象徴的に見られるように、評価規準・基準は子どもたちと共有されて初めて、学習活動の改善に役立てられる。また、検討会等において、子どもと教師、あるいは子ども同士で評価規準・基準をすり合わせる営みは、学習活動の指針となる評価規準・基準作りに子どもが関わることを意味する。この積み重ねが、学習活動を持続的に発展させるための手がかりを自分自身で探り続けることを必要とする、生涯学習の基盤となる。社会に出れば、自分の取り組みについて何ができていて何ができていないかを見極めて後の活動の改善につなげるだけでなく、自分が参照する観点や規準・基準自体を自分で創り出したり作り直したりすることも求められるからである。

民主的な社会の実現に向けては、異質な他者と協働する中で互いの価値判断の基準を問い直す営みが欠かせない。市民ひとりひとりが社会の一員として、あるいは政治の主体として価値判断の規準・基準を問い直すことを続けないと、個々人の熟慮と異質な他者との知性的な討議によって既存の価値を問い直す感覚が鍛えられず、多数決に依存した意思決定に陥ってしまうからである。前述のモデレーションやキャリブレーションも、信頼性確保の土台として見るだけではなく、自分の行動や判断の

拠り所となる規準・基準を多様な視点から問い直し続ける契機としても位置づけ直す必要がある。

3. ルーブリックの位置づけ直し

　このような発想をベースにすると、例えば学習活動におけるルーブリックの位置づけ方も変わってくる。

　2017・18 年改訂の学習指導要領において「主体的・対話的で深い学び」が強調される中で、探究学習のウエイトが以前よりも確実に増している。この動きの中で、子どもたちの探究の質の違いを確認するために、ルーブリックが以前にも増してよく使われるようになっている。

　2010 年以降、特に高等学校の「総合的な学習／探究の時間」等でよく見られるようになったのが、生徒たちの探究学習の成果物を複数の教師が協働で検討することでルーブリックを策定し、そのルーブリックに基づいて探究の質を採点しようとする動きである。以前は、教師が成績つけやプログラムの効果検証のためにこのルーブリックで採点するという形が多かったが、最近は、このルーブリックを生徒が持って、成果発表会などでお互いの探究の質を確認し合い、ルーブリックを通して共有される評価の観点や規準・基準から自身の探究プロセスを振り返り、新たな課題を探るという形をとる学校が確実に増えている。

　ただ、ここで気をつけたいのは、成果発表会の場でルーブリックを用いて他者の探究の成果を採点することが活動の中心に据えられてしまうと、生徒たちはルーブリックに記載されている観点にばかり目が行ってしまい、新たな視点で探究の質を吟味することができにくくなってしまうというジレンマである。そこで、新たな実践の方向性としては、教師作成のルーブリックがあったとしても、そのルーブリックは生徒による自己評価の視点として（教師がいないときに）生徒が使うという形をベースにしておき、成果発表時には一旦ルーブリックを見ずに互いの探究の成果を素直な感覚で批評し合った上で、「これって大事だけどルーブリッ

クにはなかったよね」といった形で、ルーブリックになかった重要な視点を生徒が探り、その新たな視点から既存のルーブリックを修正することを生徒が行うという形が考えられる。

おわりに（熟議的コミュニケーションとしての評価）

　実践上ここで重要な論点となるのが、教師から押し付けられた規準ではなく、自分たちが見いだし納得した規準で探究を進展させているという感覚を生徒が持てているかという点である。高校卒業後も続く生涯学習を見据えると、これからどのような視点で改善・修正をしていったらいいのか、その評価の規準は学習者が自分で見いだせるようになっていかないと、変化の激しい社会を生き抜くことが難しくなる。また、本当に価値を置かないといけないのはどこなのか、その判断の規準を他者との協働の中で見いだせるようになっていかないと、民主的な社会は成り立たない。新たな社会を生き抜くために、そして社会をより良く機能させるために必要となるコミュニーションの土台として評価活動を位置付け直すことが求められる。

　上で、学習活動の早い段階でのルーブリックの共有といった形で保障される、教育評価への子どもの参加という視点を確認したが、今後は、単に子どもたちが教育評価の営みに参加できているかということよりもむしろ、その参加の仕方やコミュニケーション構造がどれくらい熟議的なものになっているかが問われてこよう。それは公共的な議論への「熟議的な参加」（田村、2014）をより確かなものにしていくための手立てにもつながるという点で、市民性教育・主権者教育にも資するものである。質保証や説明責任の視点からではなく、市民性教育・主権者教育の視点から教育評価の言説を組みかえていくことも求められる。

【参考文献】

田中耕治『教育評価』
岩波書店、2008 年

田中耕治監修『シリーズ 学びを変える新しい学習評価〈全 5 巻〉』
ぎょうせい、2019 年

西岡加名恵『教科と総合学習のカリキュラム設計』
図書文化、2016 年

西岡加名恵・石井英真・田中耕治編『新しい教育評価入門』
有斐閣、2015 年

W. ビースタ . G.『民主主義を学習する』上野正道・藤井佳世・中村（新井）清二訳

勁草書房、2014 年

川崎修編『政治哲学と現代（岩波講座 政治哲学 6）』田村哲樹「熟議と参加―リ

ベラル・デモクラシーを超えるのか―」
岩波書店、2014 年

第 11 章

カリキュラム・マネジメント
に向けて

浅野 信彦

はじめに

　カリキュラムとは何だろう。私たちが学校教育を受けてきた経験を振り返ると、そこには必ずカリキュラムと呼ばれるものが存在した。すぐに思い浮かぶのは、教室に貼られていた時間割表や、卒業までに履修しなければならない科目の配列表などだろう。しかしそれらは、学校の教育計画の一部であり、カリキュラムの断片に過ぎない。

　カリキュラムという概念が本質的に意味するのは、ひとりひとりの子どもの学びの経験の総体である。学校での日々の授業の中で、A君はA君なりに、BさんはBさんなりに、新たな学びを意味づけ、自らの経験を再構成していくだろう。子どもの経験に即してみれば、ひとりひとりの学びの道筋は多様である。この側面に光を当てるのが近年のカリキュラム研究の動向である。

　本章では、カリキュラムとは何か、それは学習指導要領や教育課程とどのような関係にあるのか、今なぜカリキュラム・マネジメントが求められるのかなどの問いを、学校における授業改善とのつながりに留意しながら考察していく。

第 *1* 節　教育課程とカリキュラム

1.　カリキュラムとは何か

　カリキュラムの語源はラテン語の「クレレ」（currere）であり、古代ローマで行われていた戦車レースの「走路」を意味していた。これが拡張され、カリキュラムは「人生の来歴」をも意味するようになった。現在でも英語で curriculum vitae といえば「履歴書」のことである。

　米国で1930年代に普及した進歩主義教育において、カリキュラムは「教師の指導の下で子どもが持つ全ての経験」と定義され、教師の授業改善への参加や意思決定を重視する「カリキュラム開発」が提唱された。

　第二次世界大戦後、米国の影響を受けて我が国でもカリキュラムと

いう用語が使われるようになった。1947年、「試案」として刊行された学習指導要領のもとで、新設された社会科を中核に、地域や学校名を冠したコア・カリキュラムづくりが全国に広がった。当時はデューイ（J. Dewey 1859 ~ 1952）の経験主義の影響を強く受け、地域のニーズや子どもの生活経験に即して各学校で教師がカリキュラムを工夫して創り上げていくことが求められていた。1951年、学習指導要領の一部改訂に際してカリキュラムの訳語として作られた「教育課程」という用語は、文部省（当時）によって、子どもの「教育的諸経験の全体」と説明されていた。

しかし、1958年の改訂で学習指導要領の法的拘束性が強調され、教科の系統性が重視されるようになると、学校現場でのカリキュラムづくりの気運は急速に失われ、むしろ教科書の内容を子どもに教えるための指導法に関心が向けられるようになった。これ以降、中央集権的な教育改革が進行する中で、「教育課程」とは各学校で学習指導要領の具体化を図るための「教育計画」であるとする理解が定着していった。

現在、文部科学省は教育課程を次のように定義している（小学校学習指導要領解説総則編より。中・高では「児童」を「生徒」と読み替える）。

　　学校において編成する教育課程とは、学校教育の目的や目標を達
　　成するために、教育の内容を児童の心身の発達に応じ、授業時数
　　との関連において総合的に組織した学校の教育計画であると言う
　　ことができる。

ところが、後述するように1974年の「カリキュラム開発に関する国際セミナー」以降、再び各学校でのカリキュラムづくりが注目され、1998年の学習指導要領改訂では「総合的な学習の時間」が創設されるに至る。

先述したように、カリキュラムの訳語とされる教育課程は、1958年以降、「学校の教育計画」という狭い意味で用いられてきた。しかし、米国のカリキュラム研究史や欧米の教育改革を概観すると、カリキュラムは「教育計画」だけでなく、「授業」や子どもの「学びの経験」まで含む広い概念と捉えられている。こうした歴史的経緯や世界的動向を踏まえ、

近年では、カリキュラムを「子どもの学びの経験の総体」あるいは「学びの履歴」と定義し、教育課程とは区別する研究者が多い。

これに対して、教育課程は主に教育行政の文脈で「教育計画」のみに限定して用いられる。まずはふたつの用語の意味の違いを理解しておこう。

2. 学校に基礎をおくカリキュラム開発

1930 年代に米国で提唱された「カリキュラム開発」の概念は、1970 年代に OECD（経済協力開発機構）の CERI（教育研究革新センター）に採用された。CERI は、教育行政の地方分権化や学校現場への権限の委譲こそが加盟国共通の教育政策の課題であると考え、「学校に基礎をおくカリキュラム開発（School Based Curriculum Development、以下 SBCD と略記）」を提唱した。1974 年、OECD — CERI と文部省（当時）が共催した「カリキュラム開発に関する国際セミナー」でスキルベック（Skilbeck, M.1932 ～）によって SBCD が我が国に紹介された。このセミナーの議論を文部省がまとめた報告書には次のような記述がある。

「カリキュラム開発とは、教授目標の再検討に始まり、教材、教授、学習の手続き、評価方法などの計画や構成を含むものである。それは一度つくり上げられればそれでしばらくおしまいといったものではなく、絶えず検討され、評価され、修正されていく継続的なプロセスである。（中略）われわれ日本人がとかく考えやすいカリキュラム改訂＝国家的事業といったようなものではなく— こうした面ももちろんあるが —、むしろ教師の日々の創意や工夫の積み上げといった意味あいの強いものなのである。」
「教育課程とは指導要領で、その展開とは指導要領の各学級での具体化といった考え方、言いかえればカリキュラムを上から与えられたもので、教師たちが自ら作ってゆくものとは見ない考え方（中略）に対して反省を加え、新たなダイナミックなカリキュラム開発観について目を開かせたという点において、このセミナーが（中略）

カリキュラム開発という訳語を用いたことはよかったと思う。」（文部省 1975）

　カリキュラム開発の基盤は個々の教師の日常的な授業改善の積み重ねにある。しかし、授業改善がそのままカリキュラム開発になるわけではない。SBCD は、各学校においてカリキュラムに関する意思決定が組織的かつ継続的に行われ、様々な学校内外の状況や学習者の条件に応じて教育計画が絶えず検証・修正されていくプロセスを重視する。スキルベックによれば、学校内の状況とは ①子どもの特性やニーズ、②教師の価値観や経験、③学校の雰囲気と利害関係、④資料の蓄積と施設・設備、⑤現行カリキュラムの問題点の発見などである。学校外の状況とは①社会的要請、②国の政策や教育行政の要求、③教科の特性、④教師への専門的支援、⑤学校に供給される資源などである（Skilbeck,1979）。これらの状況を踏まえて学校の教育目標が設定され、その目標を達成するための教育計画が立案されなければならない。日々の授業は、具体的な子どもの学びを通して目標や計画の適切性が検証・評価される場である。つまり、SBCD は、日常的な授業改善を指導法の改善にとどめず、それを学校全体のカリキュラムの改善につなげる発想をもつのである。このセミナーをきっかけに、研究者や教育行政関係者の間で、カリキュラム開発への教師の参加を促す学校組織や教師の力量を高める現職研修の在り方、学校内外の連携や教育行政から学校への支援の必要性などが議論された。

　これ以降、我が国でも、教育課程に関する裁量を教師にゆだね、各学校で子どものニーズと地域の実態に即した「特色づくり」を推進することに教育改革の重点がおかれるようになった。

3.　潜在的カリキュラム

　カリキュラムを「子どもの学びの経験の総体」と定義すると、日々の学校生活や授業での教師との相互作用を通して、実際に子どもたちが経験している内容こそがカリキュラムの実体であると捉えられる。一方、

各学校で編成される教育課程や計画には学校や教師の教育意図が示されている。「潜在的カリキュラム」の研究は、子どもたちが「結果的に」学ぶ経験内容に着目し、教師が意図的に伝達する教育内容が必ずしも意図どおりに学ばれているわけではない事実を浮き彫りにした。

　潜在的カリキュラム（隠れたカリキュラム、hidden curriculum）とは、学校で教師によって与えられる意図的・計画的な教育内容のほかに、学校生活の中で子どもたちが潜在的に学びとっている価値、態度、および社会規範などをさす。学校には、教師によって言明されることなく、子ども同士の関係、教師との関係、学校や教室の雰囲気、教師のなにげない言動などによって、知らず知らずのうちに子どもたちに学びとられ、彼らの人間形成に強力な影響を与えているものがある。これが意図的・計画的に組織された教育課程（顕在的カリキュラム）と対になり、授業や学級での諸活動を促進したり妨げたりしている。

　米国のジャクソン（Jackson, P. W.1928 ～）によると、子どもたちは規則、規制、習慣を主成分とする潜在的カリキュラムを通して「我慢すること」を習得しており、これを基礎として、社会生活に必要な要領や知恵というべき技能を獲得するという（Jackson,1968）。教師の立場からみれば、潜在的カリキュラムは授業秩序の維持や学級経営に大きく関係している。これを自覚することはカリキュラムの改善を試みるうえで重要である。例えば、学校の暗黙のルールや集団にうまく適応できない子どもが授業中も不利な立場におかれ、結果的に期待される学力水準に到達できない現象がよく見られる。この背後に潜在的カリキュラムが作用している。教師がこのことに気付けば、学級の人間関係や習慣化された活動を見直したり、彼自身の授業の進め方や子どもとのかかわり方を点検したりするなど、日常の教育活動を反省的に見つめ直すことができるだろう。カリキュラムの改善は、教育課程の改善にとどまらず、こうしたミクロな視点からカリキュラムの内実を変えていく努力によって達成される。こうした努力を積み重ねることは、学校や学級の文化を変革し、多様な子

どもの学びを支えることにもつながる。

第 2 節　資質・能力の育成をめざすカリキュラム・マネジメント

1.　「総合的な学習の時間」とカリキュラム・マネジメント

　1998 年（高校は 1999 年）、学習指導要領が改訂された。新たに「生きる力」の育成という理念が掲げられ、これを育成する中核的な領域として「総合的な学習の時間」が創設された。2008 年（高校は 2009 年）の改訂では、「生きる力」は「変化の激しい社会を担う子どもたちに必要な力」であるとされ、①基礎・基本を確実に身に付け、いかに社会が変化しようと、自ら課題を見つけ、自ら学び、主体的に考え、行動し、よりよく問題を解決する資質や能力、②自らを律しつつ、他人とともに協調し、他人を思いやる心や感動する心など豊かな人間性、③たくましく生きるための健康や体力、の 3 点に整理された。このうち①は「確かな学力」と言い換えられ、知識・技能の習得と活用を重視するとともに、総合的な学習の時間を中心に探究活動の充実を図ることとされた。

　総合的な学習の時間は、創設時から 2017 年の改訂（高校は 2018 年の改訂で「総合的な探究の時間」に名称変更）に至るまで、その理念や強調点に多少の変化はあるものの、一貫して教育課程の中心に位置づけられてきた。すなわち、総合的な学習の時間は、現代社会の諸課題や地域・学校の身近な課題の解決をめざして子ども自身が試行錯誤し、各教科で習得した知識や技能を活用しながら探究的に学ぶことを通して、課題解決の方法を習得させ、積極的に社会に参画しようとする態度や、自己の生き方を考えることのできる資質や能力を育む時間と位置づけられている。子どもたちは探究的に学ぶ中で、各教科で学んだ知識や技能の関連性や有用性を実感し、より深い理解を得ることができる。それにとどまらず、様々な課題解決に役立つ汎用的な能力や高次の思考力を身に付けることができると考えられている。

こうした「習得・活用・探究」という学習プロセスを実現するには、教科等の縦割りを越えた視点から教育課程を見直すことも必要である。

今回の学習指導要領改訂の方針を述べた中央教育審議会答申『幼稚園、小学校、中学校、高等学校及び特別支援学校の学習指導要領の改善及び必要な方策等について』（2016年8月）は、教科等を越えて教育課程全体で育成をめざす「資質・能力の三つの柱」（「知識・技能」、「思考力・判断力・表現力等」、「学びに向かう力、人間性等」）を示した。さらに、各学校で「三つの柱」を踏まえて教育目標を明確化することや、「教科等横断的な視点」から教育内容を組織することなどを強調し、「カリキュラム・マネジメント」を次の三つの側面に整理して示した。

「カリキュラム・マネジメント」の三つの側面

①各教科等の教育内容を相互の関係で捉え、学校教育目標を踏まえた教科等横断的な視点で、その目標の達成に必要な教育の内容を組織的に配列していくこと。

②教育内容の質の向上に向けて、子供たちの姿や地域の実情等に関する調査や各種データ等に基づき、教育課程を編成し、実施し、評価して改善を図る一連のPDCAサイクルを確立すること

③教育内容と、教育活動に必要な人的・物的資源等を、地域等の外部の資源も含めて活用しながら効果的に組み合わせること。

これ以前の学習指導要領にはカリキュラム・マネジメントへの直接的な言及はなく、2008年改訂の『学習指導要領解説 総合的な学習の時間編』の中に「計画、実施、評価、改善というカリキュラム・マネジメントのサイクルを着実に行うことが重要である」と記されていた程度である。今回の改訂では①と③の側面を含めて捉え直された。とりわ①の中に「教科等横断的な視点」が明記されていることが特徴である。

2. 「社会に開かれた教育課程」とカリキュラム・マネジメント

今回の学習指導要領改訂の理念は「社会に開かれた教育課程」の実現である。2016年の中央教育審議会答申は、「社会とのつながりを重視しながら学校の特色づくりを図っていくこと」と「現実の社会との関わりの中で子供たちひとりひとりの豊かな学びを実現していくこと」が課題であると述べ、「社会に開かれた教育課程」の要素を次のように整理している。

「社会に開かれた教育課程」の要素

① 社会や世界の状況を広く視野に入れ、よりよい学校教育を通じてよりよい社会を創るという目標を持ち、教育課程を介してその目標を社会と共有していくこと。

② これからの社会を創り出していく子供たちが、社会や世界と向き合い関わり合い、自らの人生を切り拓いていくために求められる資質・能力とは何かを、教育課程において明確化し 育んでいくこと。

③教育課程の実施に当たって、地域の人的・物的資源を活用したり、放課後や土曜日等を活用した社会教育との連携を図ったりし、学校教育を校内に閉じずに、その目指すところを社会と共有・連携しながら実現させること。

我が国では1990年代後半から「開かれた学校づくり」が推進されてきた。これは、学校と家庭や地域との連携や学校運営への地域住民の参加を通して「学校を開く」という考え方であった。これに対して「社会に開かれた教育課程」は、教育課程の目標を社会と共有することや、子どもたちに育むべき資質や能力を「これからの社会」を見通して明確化することを求めており、「学びを社会に開く」ことをめざしている。

カリキュラム・マネジメントは、従来「学校におけるPDCAサイクルの確立」と一面的に理解されがちだった。今回、「社会に開かれた教育課程」という理念のもと、「教科等横断的な視点」や「社会とのつながり・関わ

り」の視点を含む前掲の「三つの側面」から捉え直されたわけである。

3. 「学校の組織・経営」とカリキュラム・マネジメント

　教育学における「カリキュラム・マネジメント」の研究は 1990 年代後半に着手された。中留武昭は、カリキュラム・マネジメントを「学校の教育目標を実現するために、教育活動（カリキュラム）の内容上、方法上の連関性とそれを支える条件整備活動（マネジメント）上の協働性との対応関係を、組織構造と組織文化とを媒介としながら、PDCA サイクルを通して、組織的、戦略的に動態化させる営み」と説明した（中留 2005）。これを踏まえ、田村知子は「カリキュラム・マネジメントは、カリキュラムを主たる手段として、学校の課題を解決し、教育目標を達成していく営み」であると簡潔に定義し、カリキュラムをつくり実際に動かしていくためには「組織マネジメント」の視点が不可欠であると付け加えている（田村 2014）。

　実際の学校現場では、文書としての教育課程に示された教育目標が教職員に共有・意識化されず、個々の教師が「自己流」で授業を実践していることが少なくない。さらに、個別の授業や教科を越えて、年間の教育活動全体を通して子どもたちに「どのような資質や能力が育成されたか」ということを学校教育目標に照らして把握し検証することも極めて不十分であった。教育課程編成は管理職による「書類づくり」に終始し、全教職員が目標や課題を共有し、役割を分担して課題解決に取り組むことを可能にする学校の組織・経営の見直しが伴わなかったからである。

　学校教育目標の実現に向けてカリキュラムの改善を進めるには、学校内に課題解決に向けた教職員のチームをつくり上げる必要がある。これをめざす「組織マネジメント」の視点を取り入れたカリキュラム・マネジメント論は、教育行政関係者や学校現場にある程度は受容され、学習指導要領に「カリキュラム・マネジメント」が明記された。今後は学校現場での実践研究が蓄積され、ますます議論が深まることが期待される。

第 3 節　カリキュラム・マネジメントの課題

　カリキュラム・マネジメントは SBCD を推進するための手法である。本章前半で述べた「カリキュラムの定義」「SBCD」「潜在的カリキュラム」などの知見は、カリキュラム・マネジメントの理論的基盤をなす。これらの知見も踏まえ、カリキュラム・マネジメントの課題を挙げておこう。

　第 1 の課題は、カリキュラムという概念の本質を理解することである。ほとんどの教師はいまだに教育課程とカリキュラムを同一視しており、カリキュラム・マネジメントの意義や必要性が学校現場に十分に浸透しているとは言い難い。

　第 2 に、各学校で授業研究の日常化を図ることである。教育行政の指定を受けて特定の研究主題に取り組む学校が増えている。しかし、研究主題と学校の切実な教育課題との関連づけが薄いと、見せるための研究授業に陥り、現場が疲弊していくことになりかねない。日常の授業や単元の中で子どもの姿を見取り、ひとりひとりの学びの道筋や方向性を見極めようとする教師。同僚と協働で単元を練り上げ、授業での子どもの姿を多面的に捉えて改善策を話し合う教師集団。これこそがカリキュラム・マネジメントが求める教師（集団）像である。

　第 3 に、右図のような教育課程の構造化を図ることである。学校教育目標と総合的な学習の時間における「各

図 教育課程の構造 （筆者作成）

これからの社会を創り出していく子どもたちに求められる資質・能力を明確化する

どのような資質・能力の育成を目指すのか

目指すところを社会と共有・連携する

学校教育目標

各学校が定める目標

重点目標　教科A
重点目標　教科B
重点目標　特別の教科道徳
総合的な学習の時間
特別活動
重点目標　教科C
重点目標　教科D

学校が定める目標」は直結していなければならない。また、各教科や領域の目標が学校教育目標の実現に収斂するように設定されなければならない。つまり、学習指導要領に示されている各教科や領域の目標は、学校教育目標に照らして吟味され、学校としての重点目標が再設定されなければならないのである。このような教育課程を編成することができるかは、学校教育目標の実現に向けて教職員のチーム力を発揮できるかが大きく関わってくるだろう。

おわりに（若手教員のエンパワーメントをめざして）

　カリキュラム・マネジメントに向けて、校長・教頭などの管理職にはリーダーシップが求められる。中堅教員には長期計画の立案や地域連携など組織運営の力が求められる。若手教員には何が求められるのだろうか。一言でいえば、学級の子ども一人ひとりに対して「こうなってほしい」という願いをもち、そうした学びの姿を引き出せるように授業改善に努めることではないだろうか。日々の実践を通して若手教員が成長し、それを管理職や中堅教員が支えようとする職場の雰囲気の中で、教職員の一体感が醸成される。カリキュラム・マネジメント成功の鍵は若手教員のエンパワーメントにあると言っても、決して大げさではない。

【参考文献】

日本カリキュラム学会編『現代カリキュラム研究の動向と展望』
教育出版、2019 年

加藤幸次『カリキュラム・マネジメントの考え方・進め方』
黎明書房、2017 年

田村知子『カリキュラムマネジメント―学力向上へのアクションプラン―』
日本標準、2014 年

天笠茂『カリキュラムを基盤とする学校経営』
ぎょうせい、2013 年

山口満編著『第二版　現代カリキュラム研究』
学文社、2005 年

第 12 章

総合的・探究的な
学習をデザインする

酒井 達哉

はじめに

　総合的な学習の時間（以下、総合的な学習）は、1998年の学習指導要領改訂で創設された学習の時間である。そこでは、実社会・実生活にかかわる多様な問題状況から課題を見付け、主体的・協働的に課題を探究していく子どもの姿が期待されている。子どもは、地域に出かけて様々な体験活動を行ったり、多くの人と出会ったりして学習を進めていく。

　未知の課題に次々と対応していかねばならない、これからの変化の激しい社会においては「多様な他者と協力して課題を解決したり、新たなものを創り出したりする資質・能力」を育むことが求められる。それゆえに、子どもが総合的・探究的に学ぶ総合的な学習の存在意義は大きい。

　本章では、2017年の学習指導要領改訂を受けて、子どもや学校、地域の実態や特色に応じて総合的な学習の授業をデザインするための視点や留意点について、小学校を例に述べる。

第 *1* 節　総合的な学習の時間が目指すもの

1.　子ども、教師、地域の変容

　私は小学校教員だった時から、総合的な学習の授業を通して、子ども、教師、地域が変容する姿を幾度となく目の当たりにしてきた。例えば、地域のシンボルである生物を絶滅の危機から救うことを探究課題にした学習に取り組んだ時のことである。その生物の生息状況についての情報をアンケート調査によって収集するなどの地域に根ざした学習活動を展開した際、季節が進むにつれ子どもは本気で学習に取り組むようになっていった。そして、学習成果をまとめ、地域住民に向けた発表会を行った時、参加した住民から次のような声が寄せられた。

　「仲間と一緒になって目標をめざす子どもたちの姿は眩しいくらい輝いていました。私の地域を見る目も変わりました。私も皆さんと一緒にもっと良い地域にしていきたいと思います」

子どもは、地域の評価を受けることにより自信を育み、各教科等で身に付けた力を総合的な学習において活用・発揮することにより、学校で学ぶことの意義を実感していた。また、教師も年間70時間に及ぶ単元計画を編成し、マネジメントしていくことにより、チーム力や授業を創り上げる力を高めることができた。さらに、地域も子どもの社会貢献的な学習活動に刺激を受け、まちづくり活動を活性化させていった。

　このように総合的な学習は、子どもや教師、地域を変容させる力をもっているのである。その力を十分に引き出すことができるように総合的・探究的な学習をデザインする力が今、教師に求められている。そのためには、まず、学習指導要領に示された、総合的な学習の目標と育成することを目指す資質・能力について理解することが大切である。

2.　総合的な学習の時間の目標

　2017年版学習指導要領に示された、総合的な学習の「第1目標」の主文を見ると、目指されている内容が一目で見渡せる。

　　「探究的な見方・考え方を働かせ、横断的・総合的な学習を行うこ
　　とを通して、よりよく課題を解決し、自己の生き方を考えていく
　　ための資質・能力を次のとおり、育成することを目指す」

　つまり、総合的な学習の目標には、①探究的な見方・考え方を働かせること、②横断的・総合的な学習を行うこと、③よりよく課題を解決し、自己の生き方を変えていくための資質・能力を育成することという3つの事項が示されている。

(1) 探究的な見方・考え方

　2017年版学習指導要領には目標に探究的という文言が明記されていることにより、総合的な学習は、どのような課題に取り組もうとも、全体を通して探究的でなければならないといえる。2017年版『小学校学習指導要領 解説総合的な学習の時間編』（以下、『解説総合編』）にも、前回に続き「探究的な学習における児童の学習の姿」（図1）が示され、探究的な

学習とは「問題解決的な学習活動が発展的に繰り返されていく一連の学習活動」であるとし、次の四つの過程が明記されている。

【課題の設定】　体験活動などを通して、課題を設定し課題意識をもつ

【情報の収集】　必要な情報を取り出したり収集したりする

【整理・分析】　収集した情報を、整理したり分析したりして思考する

【まとめ・表現】　気付きや発見、自分の考えなどをまとめ、判断し、表現する

　なお、こうした探究的な学習の過程は、四つが「順序よく繰り返されるわけではなく、順番が前後することもあるし、ひとつの活動の中に複数のプロセスが一体化して同時に行われる場合もある」と述べられている。そして、この探究的な学習の過程を支えるのが、探究的な見方・考え方である。『解説総合編』では、探究的な見方・考え方とは「各教科等における見方・考え方を総合的に働かせること」と「総合的な学習の時間に固有な見方・考え方を働かせること」であると定義されている。このような探究的な見方・考え方を、子どもに学習活動の中で発揮させることが総合的な学習の特徴であるといえる。

図1　探究的な学習における児童の学習の姿

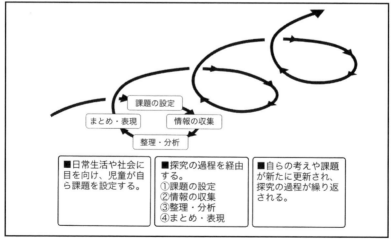

〈出典〉文部科学省『小学校学習指導要領 解説総合的な学習の時間編』2018、9頁

(2) 横断的・総合的な学習

　横断的・総合的な学習を行うというのは、現代的な諸課題、地域や学校の特色に応じた課題など、各教科等を横断的に越えた探究課題に各教科等で身に付けた資質・能力を活用・発揮しながら解決に向けて取り組んでいくことを意味している。よって、総合的な学習は、その対象や領域が特定の教科に留まらず、横断的・総合的であることが問われている。

3.　育成することを目指す資質・能力

　前述の「第1目標」の主文の後には、子どもが「よりよく課題を解決し、自己の生き方を考えていくため」の三つの資質・能力が示されている。それは、他教科等と同様に「知識及び技能」「思考力、判断力、表現力等」「学びに向かう力、人間性等」という三つの柱から明記されており、整理すると下記の（表1）のようになる。

表1 育成することを目指す資質・能力

①探究的な学習の過程において、課題の解決に必要な知識及び技能を身付け、課題に関わる概念を形成し、探究的な学習のよさを理解するようになる。　　　　　　　　　　　　　　　〈知識及び技能〉 ②実社会や実生活の中から問いを見いだし、自分で課題を立て、情報を集め、整理・分析して、まとめ・表現することができるようにする。　　　　　　　　　　　　〈思考力、判断力、表現力等〉 ③探究的な学習に主体的・協働的に取り組むとともに、互いのよさを生かしながら、積極的に社会に参画しようとする態度を養う。　　　　　　　　　　　　　　〈学びに向かう力、人間性等〉

文部科学省『小学校学習指導要領 解説 総合的な学習の時間編』2018 をもとに筆者が作成

　①は、総合的な学習の「知識及び技能」を定義したものであり、実社会・実生活における様々な課題を解決するために活用される知識及び技能である。②は、「思考力、判断力、表現力等」として、前述の探究的な学習の過程（図1）で活用される力である。③は、「学びに向かう力、人間性等」

を定義したものである。総合的な学習は、課題の解決に向かって主体的、協働的に本気で取り組む姿勢が大切であり、自ら社会に参画しようとする態度が育成されることが期待されている。

　各学校は、学習指導要領に示された、これらの目標と育成することを目指す資質・能力を踏まえて、目標や内容を設定し、全体計画や年間指導計画などを作成することになる。

第 2 節　総合的な学習の時間の指導計画（年間・単元）

1.　年間指導計画作成上の留意点

　年間指導計画は、学年や学級において、その年度の総合的な学習の見通しをもつために、1 年間の流れの中に単元を位置づけて示すものである。どの時期に、どれくらいの時間をかけて、どのように学習活動を展開するのか、またその活動を通して、どの程度まで子どもの学びの変容を期待するのかということについて、具体的な子どもの探究的な学習の姿をイメージしながら計画を立てるようにしたい。年間指導計画に表記する構成要素としては、次頁の図 2 に示した淡路市立志筑小学校（以下、志筑小）6 年生の計画のように、単元名、主な学習活動、活動時期、予定される時間数、各教科等との関連、目指す子どもの姿などがある。

　次に示す四つの留意点は、『解説総合編』に示された年間指導計画作成上の留意点であり、これらの点に意識して、1 年間の探究的な学習のイメージを作ることのできる指導計画を作成したい。

　① 児童の学習経験に配慮すること

　② 季節や行事など適切な活動時期を生かすこと

　③ 各教科等との関連を明らかにすること

　④ 外部の教育資源の活用及び異校種との連携や交流を意識すること

　上記の中でも、「③ 各教科等との関連を明らかにすること」は、2017 年版学習指導要領において重視されている。それは、教科等で身に付け

図2　年間指導計画の例　単元名「淡路島の伝統芸能を発信しよう」

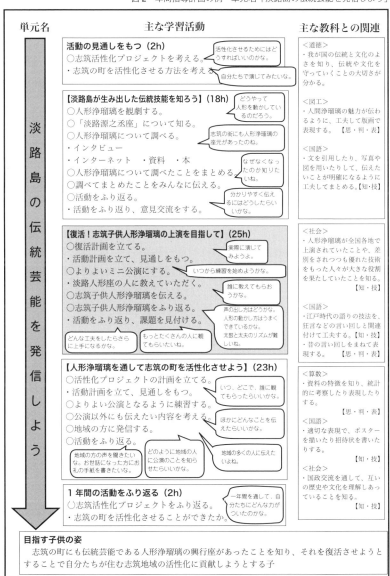

単元名	主な学習活動	主な教科との関連
淡路島の伝統芸能を発信しよう	**活動の見通しをもつ（2h）** ○志筑活性化プロジェクトを考える。（活性化させるためにはどうすればいいのかな。） ・志筑の町を活性化させる方法を考える。（自分たちで演じてみたいな。） **【淡路島が生み出した伝統技能を知ろう】（18h）** ○人形浄瑠璃を観劇する。（どうやって人形を動かしているのだろう。） ○「淡路源之丞座」について知る。 ○人形浄瑠璃について調べる。（志筑の街にも人形浄瑠璃の座元があったのね。） ・インタビュー ・インターネット　・資料　・本 ○人形浄瑠璃について調べたことをまとめる。（なぜなくなったのか知りたいね。） ○調べてまとめたことをみんなに伝える。 ○活動をふり返る。（分かりやすく伝えるにはどうしたらいいかな。） ・活動をふり返り、意見交流をする。 **【復活！志筑子供人形浄瑠璃の上演を目指して】（25h）** ○復活計画を立てる。（実際に演じてみようよ。） ・活動計画を立て、見通しをもつ。 ○よりよいミニ公演にする。（いつから練習を始めようかな。） ・淡路人形座の人に教えていただく。（誰に教えてもらおうかな。） ○志筑子供人形浄瑠璃を伝える。 ○志筑子供人形浄瑠璃をふり返る。（声の出し方はどうかな。人形の動かし方はうまくできているかな。太鼓と太夫のリズムが難しいね。） ・活動をふり返り、課題を見付ける。（どんな工夫をしたらさらに上手になるかな。）（もっとたくさんの人に観てもらいたいね。） **【人形浄瑠璃を通して志筑の町を活性化させよう】（23h）** ○活性化プロジェクトの計画を立てる。（いつ、どこで、誰に観てもらったらいいかな。） ・活動計画を立て、見通しをもつ。 ○よりよい公演となるように練習する。 ○公演以外にも伝えたい内容を考える。（ほかにどんなことを伝えたらいいかな。） ○地域の方に発信する。 ○活動をふり返る。（地域の方の声を聞きたいな。お世話になった方にお礼の手紙を書きたいな。）（どのように地域の人に公演のことを知らせたらいいかな。）（地域の多くの人に伝えたいね。） **1年間の活動をふり返る（2h）** ○志筑活性化プロジェクトをふり返る。 ・志筑の町を活性化させることができたか。（一年間を通して、自分たちにどんな力がついたのかな。）	**＜道徳＞** ・我が国の伝統と文化のよさを知り、伝統や文化を守っていくことの大切さが分かる。 **＜図工＞** ・人間浄瑠璃の魅力が伝わるように、工夫して版画で表現する。　【思・判・表】 **＜国語＞** ・文を引用したり、写真や図を用いたりして、伝えたいことが明確になるように工夫してまとめる。【知・技】 **＜社会＞** ・人形浄瑠璃が全国各地で上演されていたことや、差別をされつつも優れた技術をもった人々が大きな役割を果たしていたことを知る。【知・技】 **＜国語＞** ・江戸時代の語りの技法を、狂言などの言い回しと関連付けて工夫する。【知・技】 ・昔の言い回しをまねて表現する。　【思・判・表】 **＜算数＞** ・資料の特徴を知り、統計的に考察したり表現したりする。　【思・判・表】 **＜国語＞** ・適切な表現で、ポスターを描いたり招待状を書いたりする。　【知・技】 **＜社会＞** ・国政交流を通して、互いの歴史や文化を理解しあっていることを知る。【知・技】

目指す子供の姿
　志筑の町にも伝統芸能である人形浄瑠璃の興行座があったことを知り、それを復活させようとすることで自分たちが住む志筑地域の活性化に貢献しようとする子

〈出典〉淡路市立志筑小学校6年「学習指導案」2019

た知識や技能は、総合的な学習における探究的な学習の中で活用・発揮させることにより、相互に関連づけられ、一層、生きて働く力となるからである。また、総合的な学習も各教科等で身に付けた知識や技能等が存分に活用・発揮されることで、学習活動は深まりを見せるからである。

　よって、各教科等との関連を示す年間指導計画を作成する際には、志筑小の事例のように、前述の相乗効果が得られ、子どもが学ぶ意義を実感できるように、実施時期や指導方法を調整し、各教科等との関連を明記するなどの工夫を行うことが大切である。

2.　単元計画作成上の留意点

　総合的な学習の趣旨を生かした学習活動を行うためには、子どもの興味や疑問を重視するとともに教師が意図した探究的な学習が展開されるように工夫し、単元計画に位置づけることが大切である。文部科学省が作成した『今、求められる力を高める総合的な学習の時間の展開』においては、次に示す単元計画作成の手順が示されている。

表2　単元計画作成の手順

A 全体計画・年間指導計画を踏まえる
B 3つの視点から、中心となる活動を思い描く
① 児童の興味・関心　② 教師の願い　③ 教材の特性
C 探究的な学習として単元が展開するイメージを思い描く
D 単元構想の実現が可能かどうか検討する
E 単元計画としての学習指導案を書き表す
F 単元の実践
G 指導計画の評価と改善

〈出典〉文部科学省『今、求められる力を高める総合的な学習の時間の展開（小学校編）』2011, 87頁

　上記に加え、授業改善の三つの視点である、主体的な学び（学習意欲づくりや見通しづくり、振り返りなど）、対話的な学び（話し合い活動や協働的な活動、外部人材との交流など）、深い学び（各教科等との関連、気付きや疑問の共有、

探究の過程（図1）の重視など）を単元のどの部分で実現を図るのか、検討して位置づけることが重要である。

3. 探究の実態に即した計画の柔軟なマネジメント

　以上、年間指導計画及び単元計画の作成上の留意点を述べた。いずれの計画も十分に見通しを持って構想するものであるが、それは決して固定的なものではなく、子どもの探究の実態に即して柔軟にマネジメントすることが求められる。実際に単元を展開していくと、子どもの興味・関心や課題意識が計画と異なったり、想定していた子どもの姿と実際の姿との間に隔たりが生じたりすることがある。そのような場合には、単元の途中であっても改善を加えることが望まれる。ただし、修正に際しては、実現の見通しがあるか、子どもが意欲を持って探究し続けることができるものか、学習活動に深まりが得られそうかなど、当初の計画よりも質の高い探究が可能かどうかを見極める必要がある。

第 3 節　総合的な学習の時間の学習指導案、評価について

1. 学習指導案作成上の留意点

　総合的な学習の学習指導案を作成するにあたって大切なことは、前述の単元計画をもとに、どのような資質・能力を身に付けるのかを明らかにした上で、一連の学習活動が探究的な学習となっていることを具体的に表現することである。なお、学習指導案の項目は、他教科等と同様に学校によって多少の違いはあるものの、一般的

> ・単元名
> ・単元目標
> ・単元設定の理由
> 　（1）児童観（2）教材観（3）指導観
> ・評価規準
> ・単元計画
> ・本時の展開
> 　（1）本時の目標（2）展開

に前頁枠内のような項目が多い。

　以下、この中で、総合的な学習の特質を踏まえた書き方が必要な項目を3点取り上げて述べる。（単元計画については前述したので割愛する）

(1) 単元名

　単元名を作成するに当たっては、探究課題をもとにして、簡潔に学習の目的や学習活動の内容を表現することがポイントであり、そこから子どもの学習の姿と学習の目的が想起できるものがよい。

(2) 評価規準と単元目標

　単元の評価規準は、子どもに身に付けたい資質・能力を評価するために設定した到達目標を記述するものであり、「知識及び技能」、「思考力、判断力、表現力等」、「学びに向かう力、人間力等」の三つの柱ごとに、期待することができる子どもの姿が具体的に記述されることが多い。なお、単元目標の作成の際には、これらの評価規準をもとに、子どもに身に付けたい資質・能力を一文や箇条書きで明確に示すようにする。

(3) 本時の展開

　本時の展開を構想する際は、まず教師が、その授業の展開のイメージを明確に持つことが重要である。（表3）に示した、志筑小6年の単元「淡

表3　学習指導案「本時の展開」の例（一部抜粋）

	学習活動	予想される児童の反応	○指導のポイント◆評価規準
導入	1. 学習の流れとルーブリックを確認する。	・魅力を伝えられているかどうか確認だね。	○魅力が伝わっているかを判断することを確認する。
	どうすれば人形浄瑠璃の魅力が伝わるだろう		
展開	2. 動画を観たり、他市の児童の感想を聞いたりして、魅力が伝わっているか見直す。	・太夫の声はそろってきているよ。 ・人形の動きもスムーズになってきているね。 ・技術的にはできてきているけど、まだ魅力が伝わっているとは言えないね。	○前時で学習した人形浄瑠璃の魅力を想起させる。 ○練習の様子を撮った動画や他市の児童の感想を用意する。 ○タブレットを使って、3つの観点について意見を書くことを確認する。 　カードの色　青：伝わっている 　　　　　　　赤：伝わっていない 　　　　　　　黄：解決策
	3. どうすれば魅力が伝わるか話し合う。	・人形にたましいをこめることが大事だね。 ・伝統を受け継ぐという	○淡路人形座の人に魅力についてインタビューした動画を見せる。 ○2で書いた「解決策」の付箋をもと
		〈以下略〉	

〈出典〉淡路市立志筑小学校6年1組「学習指導案」2019.

路島の伝統芸能を発信しよう」の本時の展開部分（一部抜粋）のように、授業改善の三つの視点である、主体的な学び、対話的な学び、深い学びを、授業のどの部分に配置するかを決めたり、学習形態、タブレットや電子黒板などの ICT、思考ツール、ゲストティーチャー、関連する他教科等の学び、振り返りなどの、キーワードを用いて検討したりして、授業をデザインしていくとよい。

2. 子どもの学習状況に関する評価

　総合的な学習における、子どもの学習状況に関する評価は、この時間の目標をどの程度、達成したかという状況を把握するとともに、それをもとに、よりよい探究的な学習になるように改善につなげていくものである。その際の評価の観点には前述の評価規準を用いる。

　前述の、志筑小 6 年生の学習指導案では、〈思考力、判断力、表現力等〉の柱に基づいた評価規準のひとつとして「人形浄瑠璃を通して、地域を活性化させるために自分たちにできることを考える」と記載されている。このような評価規準に基づいて、各授業では、学習活動の展開の具体に即して、多様な評価方法で子どもの学習状況を見取るのである。例えば、発言や発表の様子、学習状況の観察、ワークシートやノート、子どもが作成した成果物、保護者のコメントなどによる評価方法がある。

おわりに（総合的な学習の時間の多彩な実践と課題）

　これまで全国で実践されてきた総合的な学習の実践は、探究課題や取り組み方など実に多彩である。探究課題だけを整理してみても、現代的な諸課題では、国際、情報、資源エネルギー、福祉、健康、食、科学技術などに類別できる。また、地域や学校の特色に応じた課題では、まちづくり、伝統文化、地域経済、防災などがあり、子どもの興味・関心に基づく課題としては、キャリア、ものづくり、生命などが挙げられる。検定教科書のない総合的な学習ゆえに実践は多様性に富み、それを理解

するとともに、それぞれの実践のよさを学ぶ必要がある。

　しかし、総合的な学習は、授業づくりが学校の研究体制や個々の教師の力量に委ねられるため、①総合的な学習と各教科等との関連が不十分な学校がある、②学校により指導方法の工夫や校内体制の整備等に格差がある、③探究のプロセスの中で「整理・分析」、「まとめ・表現」に対する取組が不十分である、④社会に開かれた教育課程の実現に向け、実社会・実生活にかかる課題をより積極的に取り扱うことが必要、などの課題がある。(中央教育審議会教育課程部会資料、2018より)

　ここまで述べてきたように、総合的な学習は、子どもが主体的、協働的に課題を探究していくことにより、実社会・実生活で生きて働く力を身に付けたり、現代社会の深刻な課題について問題意識を持ったり、自らの学びを振り返り自分の生き方を考えたりしていくという教育的意義を持つ。それゆえに、上記の課題を克服するために、学校全体で、この総合的な学習の時間の価値を十分に理解し、組織的に充実化に向けて取り組みを進めていくことが期待される。

【参考文献】

村川雅弘・酒井達哉ほか編著『総合的な学習の時間の指導法』
日本文教出版、2018年

田村学編著『小学校新学習指導要領の展開 総合的な学習編』
明治図書、2017年

黒上晴夫編著『小学校新学習指導要領ポイント総整理 総合的な学習編』
東洋館出版、2017年

村川雅弘・酒井達哉編著『総合的な学習 充実化戦略のすべて』
日本文教出版、2006年

第13章

世界の授業スタイル

林 寛平

はじめに

　本章ではまず、各地の特徴的な授業を取り上げ、その背景を説明する。次に、世界から見た日本の授業の特徴を考える。さらに、授業ノウハウが国境を越えて流通する事例を検討し、「授業観」が社会情勢に影響を受けて形成されていることを示す。本章では、私たちが当たり前のように思っている授業を、世界的な視野から振り返りたい。

第 *1* 節　世界の授業スタイル

　世界には様々な授業がある。学校教育の普及に伴って、一斉授業やチームティーチングなど、安価で画一的な教育方法が世界中で使われるようになった。かつてであれば産業革命や国民教育、総力戦体制への人材需要があっただろうし、現在ではグローバル人材やプログラミング人材、生産性の高い人材を育てるために効果的な授業方法が検討されている。しかし、授業の仕方に本来決まりなどないはずだ。授業者は既存の方法を自由に選択し、オリジナルな方法を作り出すこともできる。

1.　Nintendo Wii で体育の授業 （シンガポール）

　シンガポールは赤道直下にあり、年中蒸し暑い。また、東京 23 区ほどの広さに約 564 万人が暮らす過密地帯である。このような環境から、外遊びが自由にできず、子どもの肥満が問題になっている。多くの学校では廊下にランニングマシーンが置かれ、子ども達は大型扇風機の風を浴びながら運動に励んでいる。しかし、大人の思惑とは裏腹に、これでは体育をやるほどに運動嫌いになってしまう。

　そこで、ある学校では「楽しく運動する」ことを目指して Nintendo Wii を 8 台購入した。子ども達は体育教師の指導を受けながら、ゲーム機でテニスを楽しんでいた。子どものやる気を出させるにはうってつけだ。「F1 ドライバーだってシミュレーターで練習するだろう」と教師は

言う。ゲーム機を使った運動は、テニスコートで行う運動に比べると消費カロリーは少ないが、動機付けとしては有効だ。

ボードゲームや LEGO を教材として用いたり、スタンプカードを活用したりする学校は多い。かつて大気汚染によるぜんそくに苦しんでいた三重県四日市市の小学校でも、公害に負けない体づくりをしようと、校庭を走った距離を記録する「日本列島一周マラソン」に取り組んでいた。ゲームがもつ、人をひきつける要素を他分野に応用しようとする「ゲーミフィケーション」は、世界中で展開している。

2. 寝っ転がって授業を受ける（北欧）

筆者が見た北欧の学校では、様々な姿勢で学ぶ子ども達が見られた。デンマークの学校では、子ども達が寝っ転がって授業を受けていた。スウェーデンの学校では、教室にソファや足漕ぎペダルが設置され、授業中に子ども達が使っていた。フィンランドの学校では、廊下や階段で勉強する子どもや、バランスボールに座って授業を受ける子どもの姿が

あった。

　ストックホルムには「教室のない学校」もある。この学校は、技術の進歩によって、もはや伝統的な四角い教室で学ぶ必要はなくなり、子どものニーズや学習課題に応じた様々な学習ゾーンを用意する必要があると考えた。そこで、座ったり、寝そべったり、あるいは立ったままで作業ができるように、ラグマットやソファを配置し、ひな壇やスクリーンのある小部屋や共同学習スペースなどを設置した。教室と廊下の境界はなくなり、子どもは自分たちで居場所を見つけて学習に取り組んでいる。

　北欧諸国は早くから「教授から学習へ」の転換を目指してきた。教師たちは、学習を中心に考えるとき、子ども達が最も集中して学べる環境とはどうあるべきかを考えてきた。そうした中で、リラックスしたり、体を動かしながら学習すると作業効率が高まると考えられてきた。

3.　アンドロイド端末で学ぶ (アフリカ)

　アフリカでは欧米企業によるオンライン学習ツールが出回っており、EdTech の活用が盛んだ。例えば、ウガンダでは子ども達が月額 6 米ドルをアメリカ企業に支払って、アンドロイド端末で授業を受けている。背景には、初等教育の普及がある。ユネスコが主導した「万人のための教育（Education for All)」事業によって、近年アフリカには大量の学校が建てられた。多くの子ども達が教育を受けられるようになったことはすばらしい成果だが、教員不足や質の問題が置き去りにされている。優れたオンライン学習はこの問題を部分的に解決するため、最貧国は英米企業に頼らざるを得ない状況にある。

　授業を規格化し、テストや教材を本部で集中的に開発するアイデアは、かつてアメリカのエジソン・スクール社が提唱していた。エジソン・スクールはコンピュータを利用した学習を増やすことで人件費を抑え、その利益を株主に配当することを目指したが、株価が暴落し他社に買収された。アメリカで失敗したこのアイデアは、今アフリカで使われている。ガー

ナで低コストの私立学校チェーンを運営するイギリス資本の会社では、エジソン・スクールの元社員が教材開発リーダーを務めている。

　最近では、有名大学や著名な講師がインターネット上で講義を公開している（MOOCs）。マサチューセッツ工科大学（MIT）では、最先端の分野の修士号が取れるオンライン学習プログラムを提供している。MOOCs は世界中のどこでも受講できることから、貧困国の優秀な学生に新たなチャンスをもたらしている。

4.　起業コンテストと移民（欧州）

　すべてはロッカールーム（更衣室）で始まる。「ふざけんな、このクソが！」試合で負けて、苛立った男子が、差別もお構いなしに当たり散らす。そして、ついに取っ組み合いのけんかになり、その場にいる誰もが傷ついて終わる――。この状況を変えたいと立ち上がったのが、スウェーデンの高校生による Locker Room Talk だ。全国のスポーツクラブで、練習前の 30 分を使って青少年向けに差別を考えるミーティングを開いている。この事業アイデアは欧州若者起業コンテストで銀メダルを獲得し、H&M 社や Volvo 社の他、サッカー選手のズラタン・イブラヒモビッチらの支援を受けて活動している。

　若者起業コンテストは世界中で行われている。JA Worldwide の欧州支部では、高校生が身の回りの課題を発見し、それを解決するビジネスモデルを考えるためのプロジェクト学習を提供している。この授業では、経理や労務など、会社を運営する上で必要な知識を教わったり、地域の実業家らを招いてプレゼンをしたりする。そして実際に会社を起業（登記）し、商品を売ったり、サービスを提供したりする。このプログラムの特徴は、黒字の状態で会社をたたむところまでがカリキュラムになっているところだ。また、地区予選、全国大会、欧州大会、世界大会があり、優秀なアイデアが表彰される仕組みが用意されている。

　2015 年の難民危機に象徴されるように、欧州には中東やアフリカから

年間 100 万人を超す移民・難民が押し寄せている。この人道危機に各国の学校では精いっぱいの対応をしてきた。しかし移住してきたばかりの子どもは言葉はできないし、親族と生き別れになり、自分がどこに連れてこられたのかも分からない時がある。こういった若者たちが、毎日数人ずつ教室にやってくるのだから、善意だけでは立ちゆかない状況が分かるだろう。

　誰よりも厳しいのは、若者たち自身だ。高校生くらいで移民した場合には、すぐに言葉を覚えなければならないし、数年のうちに就学期間も終わり、社会に放り出される。戦火や迫害からはようやく逃れてこれたが、将来に希望を見出すのは難しい。

　起業家コンテストはこういった若者に対しても優れた機会を提供している。移民を多く受け入れている学校では、自営業として働く移民出身者をゲストに招いたり、生徒のアドバイザー役を頼んだりしている。企業の就職で不利な彼らにとって、自営業は描きやすい将来像だ。雑貨店やレストランを経営したり、タクシードライバーになったりする移民は多く、社会統合のロールモデルになっている。

　Locker Room Talk を始めた高校生ふたりも移民の背景を持つ。社会的弱者ならではの気づきが社会に大きなインパクトを与えることもある。

第 2 節　世界から見た日本の授業

　ひるがえって、日本の典型的な授業はどのようにイメージされるだろうか。教師が黒板を背に学級全体に説明する様子だろうか。あるいは、個人やグループで調べたり、課題を話し合ったりする場面だろうか。

1.　偏見の逆輸入

　日本や中国、韓国などのアジアの国は、知識や技術の伝達と習得を重視する「模倣的様式」の授業が支配的だと見られてきた。一方で、欧米

は自らの授業を革新的な「変容的様式」だと認識してきた（佐藤 1996）。しかし、国際学力調査でアジア諸国が好成績をおさめるようになると、革新的な授業をやっていると自負していた欧州は、アジアがなぜ成績が良いのか説明できなくなった。これは「アジアの学習者のパラドックス」と呼ばれ、以下の 3 項目のいずれかあるいはすべてが間違っていなければ、矛盾は解けないと整理された。（Watkins & van Aalst, 2014, 374 頁）

アジアの学習者のパラドックス
　①アジアの生徒は西洋の生徒より暗記学習を用いる
　②暗記学習では学習成果が低くなる
　③それゆえ、アジアの生徒は西洋の生徒よりも学習成果が悪い

　1994 年には TIMSS Video Study が行われた。このプロジェクトでは、日米独の 3 カ国からランダムに選ばれた 231 教室で中学 2 年生の数学の授業を録画して詳細に分析した（Stigler & Hiebert, 1999）。その結果、日本の授業は暗記学習偏重ではなく、むしろ思考と創案の要素を多く含んでいることが判明した。アジアの学習文化に対する西洋の誤解が明らかになったのだ。日本の典型的な授業を、一斉指導の詰込み授業とイメージした人は、もしかすると西洋の偏見（思い込み・誤解）を逆輸入しているのかもしれない。

2.　日本の授業

　今日では、日本の授業は世界からモデルとして見られている。特に、算数の授業で見られるように、学級全体で取り組む課題解決型の授業は特徴的だ。典型的な授業では、前時のおさらいをしたのち、本時の学習課題が提示され、まずは児童が個別あるいはグループで課題解決に取り組む。その後、黒板の前でそれぞれ意見を発表したり、小さなホワイトボードを使って考えを説明したりして解決方法を議論する。

　授業のハイライトは、それぞれの考えをすり合わせながら、要点を強

調したり本時の課題をより一般的な事象の理解に結びつけたりする「まとめ（振り返り）」のパートだ。授業後には、授業の流れに沿って整理された板書がアートワークのように残される。このように、「導入・展開・まとめ（振り返り）」と構造化された授業が全国的に普及しており、教科書もこの方式に最適化されている。限られた時間の中で、個人、グループ、学級全体、そして数学の一般原理へとつなげる精緻なプロセスは、日本の教室で100年以上にわたって磨かれてきた貴重なノウハウだ。

　わが国では一斉指導はしばしば批判の的になり、グループ学習をもっと取り入れるべきだと言われる。確かに、学級全体で進行する授業風景は、学習の個別化が進む欧米ではなかなか見られない光景になっている。しかし、一斉授業を効果的に行うには、落ち着いた教室環境や教師の高い力量など、様々な条件が必要で、多くの国で成立しにくい状況になってきている。日本はOECD国際教員指導環境調査（TALIS）やOECD生徒の学習到達度調査（PISA）においても、教室の規律が極めて高く、落ち着いて授業を受けられる環境が整っていることが示されている。

3.　日本の授業研究

　日本の学校でみられる授業研究は、各国から熱い注目を集めている。学級担任制が多い日本の小学校では、教員の授業スキルを高めるために、同僚の授業を観察したり、検討会や議論をしたりする。授業研究は初任者研修で必修となっている地域も多く、任意参加の教科会や学習サークルを組織している教員もいる。日本では教科書検定制度によってある程度使用する教材が統一されていることで、授業のアイデア交換が容易であることも、こうした活動を可能にしている。また、異動があることで、同じ地域で働く教員の情報が共有されやすく、教科や部活動など、分担して得意分野を究め地域のリーダーとして活躍することもできる。さらに、学校組織がフラットであるため、教師は学校の予算や人事、児童の募集などの経営面にほとんど関わらず、授業を教職アイデンティティの

中心に据えることができた。このような諸条件が整って、我が国では授業研究という営みが発展してきた。

　教員不足が常態化し、教師のステータスや専門性が低い国では、授業研究はあこがれの的だ。同僚と授業を見せ合い、語りあえる関係は、一朝一夕にはできない。2000年には世界授業研究学会（WALS）も創設され、世界中のメンバーを集めながら活発に活動している。

第 *3* 節　グローバル化する世界の授業

1.　輸出財としての授業

　授業のアイデアは世界中で流通する時代に入っている。これまでも、モンテッソーリ教育やシュタイナー教育、ダルトン・プラン、レッジョ・エミリア・アプローチなど、様々な実践が本邦に取り入れられてきた。今日では、授業が輸出財として取引される事例も見られる。

　例えば、カタールやモルディブには、フィンランド式の授業を提供する学校が建てられている。ここでは、国際学力調査で好成績をおさめるフィンランドから校長と教員を連れてきて、フィンランドのナショナル・カリキュラムや教材を用いて授業が行われている。

　日本では2022年からイギリスの名門ラグビー校が東京に姉妹校を開設する計画がある。イギリスはEU離脱に備えて国際貿易省を設置し、政府一丸となって「教育の輸出」に取り組んできた。この一環で、各国にイギリス式の学校を展開している。

　国際バカロレア（IB）はまさに授業の輸出である。IBは国際バカロレア機構が許可した学校のみが提供できる独自のカリキュラムである。生徒はカリキュラムを修了すると「ディプロマ」が授与され、世界中の大学進学に利用できる。2019年現在、世界153の国・地域に約5000校が認定されていて、日本でも75校で146のプログラムが認定されている。

2. イデオロギーの移植

　学習者中心主義や生徒の主体性を重視する授業方法は、政治的な価値観を含んでいる。これらは自由や民主主義などの価値観を共有する地域で、地政学的な影響を受けて作られたイデオロギーのひとつなのだ。

　アフリカでは、これらの価値観は外から持ち込まれた。ナミビアでは学習者中心の理科教育が展開されている。これは独立戦争時に、ナミビアを民主的な社会に変革しようとする政治工作の道具として、デンマーク政府が理科教育改革を利用した事例であると研究で明らかにされている。

　2007 年公開のドキュメンタリー映画「Please Vote for Me」（陈伟军 監督）は、中国の小学校で行った実験を記録したものだ。3 年 1 組では、学級委員を民主的に選ぶ選挙を行った。通常、学級委員は教師に指名され、他の児童を管理したり、罰したりする強い権限を持つ。実験では、教師が三人の児童を候補者として選び、それぞれに助手をふたりずつつけた。候補者はタレント・ショー（歌や楽器の披露）、ディベート、スピーチという三つのイベントを通して同級生に適性をアピールする。各候補者は親から強烈なプレッシャーを受け、くじけそうになったり、泣き崩れたり、時に買収工作を図ったりしながら選挙キャンペーンを進めた。

　この映画を見ると、教師と児童、親と子どもの関係が日本や欧米とは大きく異なることが分かる。中国の教師は絶対的な権威を持ち、親は強権的な支配力を持つ。実験はそのような社会文化的背景の中で、欧米的な民主主義を学習させようとするもので、不協和音が際立っている。

おわりに（多様な価値観を尊重しよう）

　私たちが「良い」と思っている価値観は、絶対的なものではない。民主的で学習者中心の授業、楽しくて効果的な授業などの「授業観」は、社会情勢が私たちの考え方に影響を与えている。アフリカや中国の例を見るように、世界には様々な価値観があり、授業はイデオロギーの浸透や侵略の手段として用いられることもある。

教育は人の変容に関わる営みである。だからこそ、授業者としての自らの価値観を自覚し、相手の価値観を尊重する態度が求められる。

||||||||||||||||||||||||||||||||||||||||||||||||||||||||||||||||||||||||||||||||||||||||||||||||||||||||||||
【参考文献】

佐藤学　『教育方法学』
岩波書店、1996

Cowen R. & Kazamias A. M. (eds.) International Handbook of Comparative Education, Springer.

Stigler, J. and Hiebert, J. (1999) The Teaching Gap, Best Ideas from the World's Teachers for Improving Education in the Classroom, The Free Press.

Watkins, D. A.& van Aalst, J. (2014) Comparing Ways of Learning. In M. Bray, B. Adamson & M. Manson (Eds.), Comparative Education Research, Approaches and Methods (2nd ed.), CERC and Springer, pp.365-385.

第 14 章

新しい学びの姿
― PBL ―

広石 英記

はじめに

　大人になって少年時代を振り返ってみると、様々な場面が想起される。部活動、文化祭、修学旅行、放課後の遊びなど印象深い思い出の風景には、不思議と懐かしい仲間の姿がある。

　一方で今日、AI に淘汰される産業として、施設型教育産業（学校や塾）があげられている。しかし、AI や ICT による個別遠隔授業で、あの少年時代の色鮮やかな思い出が形成されるとは到底思えない。やはり、「学校ならではの学び」はありそうだ。

　学校を子どもたちにとって意味のある空間、ワクワク、ドキドキと心が高鳴る学びの場にするには、何が必要なのだろうか。本章では、子どもたちが「学びの主役」になれる新しい学びの姿を PBL という教育手法を丁寧に考察することで追究したい。

第 *1* 節　学校ならではの学び

1.　多様な学びの生成する学校

　子どもたちの学びの経験は、多様である。家庭の躾（しつけ）にはじまり、友人関係や読書、旅行や習い事、部活動に塾、子どもたちの日常には学びの機会が溢れている。中でも学校における学びは、子どもたちの自己変容（成長）に大きく関わっている。では学校ならではの学びとは何だろうか。

　図は、縦軸に学習者の学びに向かう意識を、横軸に学びの様態（スタイル）を置いて、学校を中心に多様な学びを整理したものである。縦軸の上部は学び以外の目的（成績や成功）を目指してなされる手段としての行為であり、下部は学びそのものを目的とした専心的行為を表している。横軸の右側は、仲間と共に協働する学びであり、左側は他者と競争する学びとして、子どもたちの日常的な学びを整理してみた。

　このような観点で学校を中心とした子どもたちの様々な学びを整理す

ると、第1象限には、成績や受験を意識して他者と競争する、いわゆる試験勉強が入り、第2象限には、成功を目指して仲間と取り組む生徒会活動や学校行事が置けよう。

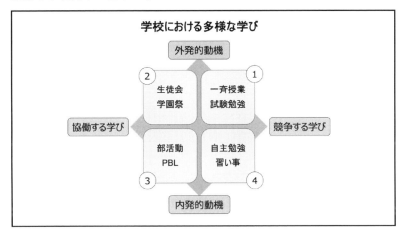

また第3象限には、仲間と協働して専心的に学ぶ学習活動（PBLなど）や部活動が位置し、第4象限には個人的に専心する習い事などを布置することができよう。

2. 仲間と協働する学び

テスト勉強は、良い成績という目的に特化した個人の機能的行為として、第1象限に置くことができる。この個人的で手段的学びと対極にある「学校ならではの学び」は、第2象限や第3象限の「協働する学び」である。特に第3象限の学びは、機能性（目的・手段関係）から解放されて、仲間と共に興味関心のある課題に挑戦する学びであり、仲間とワイワイ話しながら取り組む学校らしい学びといえよう。

協働する学びでは、「学び」それ自体が参加者相互によって即興的に創り出されていく。対話的な学びの過程で、様々な思いや考えが交歓され、ひとりでは思いもつかなかった視点やアイデアを共有することができる。協働的な学びが優れた実践であるのは、学習者の「相互作用（対話）」が、

教師や学習者の予想を超えた「意味の生成・創造」を引き出すからである。

　また仲間と協働する学びは、部活動を考えれば分かるように「仲間の中で、何が（貢献）できる自分なのか」という「共同体の中の私」の在り方を考える機会が豊富にある。その中で相互応答的（interactive）に活動を重ねることで、共同体の一員としてのアイデンティティー（社会性、責任感）を培うこともできる。

　文化祭や修学旅行、部活動など仲間と共に経験した様々な出来事は、なぜ忘れないのか。それはこれらの経験が、私たちの「真正な学び」だからである。学びが自己変容（第1章）だとすれば、真の自己変容（自意識を含めた心の成長）は、仲間と共に様々な出来事を経験することによってなされる。人が本当に学ぶ（成長する）のは、仲間と共に本物の課題に挑戦する時だ。だからこそ、少年時代を振り返る時、そこには様々な学びの出来事と共に、そのドキドキ、ワクワクした体験を共有した仲間の顔が浮かぶのである。

3.　教室（教え場）からラーニングコモンズ（学び舎）へ

　次節で紹介する PBL は、この学びの図では、第3象限に位置する「仲間と協働して課題に挑戦する学び」である。現在、海外の先進的学校では、この最も「学校らしい学び」が教育手法の主流となりつつある。

　第4章で考察されたように、現在、国際的な教育改革が目指しているのは、未来を創る「変革を起こす力のあるコンピテンシー」を持った市民の育成である。このような全人的能力の育成には、まとまった自律的な学習経験（課題設定、調査研究、合意形成、成果発表、相互評価、省察などの統合的学習）がどうしても必要である。

　今、日本に必要なことは、学校（教師、生徒、学習環境、カリキュラムなど）を、先生が教える空間（教え場）から、生徒が学ぶ空間（学び舎）へと意識的に転換することである。

第2節　問いから始まるPBL

1. 学校化した学び

　第1章で述べたように、人間の学びは、習得・活用・探究のスパイラル状の動的構造と見立てられる。もともと内発的動機の高い（好きな）部活動や習い事は、学びの目的（試合や発表会）が子どもたちに明確であり、習得から始まる学びでも学習意欲は高く、（試合へ向けて厳しい練習に耐えるように）学びのスパイラルは駆動できる。

　しかし、常に習得から始まる学校の授業（schooled-learning）には、無理がある。教科書（プログラム）通りに進められる一斉授業では、生徒は学習内容に対して学ぶ必然性を感じることは難しく、子どもたちの学びへ向かう動機を刺激するもの（学んだことを活用する本番）も見あたらず、学びのスパイラルは働きにくいのである。

　そこで、しばしば（担当教科の持つ知的醍醐味をうまく説明できない）授業力のない教師は、子どもたちを強制的に学びに向けるために、「ここはテストに出すから覚えなさい！」と、「テストを脅しの道具にして学びを強要」してしまう。権力関係を盾にした教師の無思慮な行為によって、生徒にとって「未知の世界（文化）との出会いという胸踊る学びの機会」は、「意味を問うことを禁じられた無意味な苦役」へと変質させられてしまうのである。

2. 問い（探究）から始まる学び

　本来、人は、「なぜ」という「問い」を動機（起点）として学び始める。人は、「困った」「どうしよう」「不思議だ」「なんとかしたい」といった自らの問い（課題）から学びに向かう。分からないから分かりたい（好奇心）。興味があるから深く知りたい（探究心）。人のために何かしたい（公共心）。このような人間の前向きに生きようとする自然な感情を尊重する

「問いから始まる学び」が協働的な探究学習である PBL（Project-based Learning、Problem-based Learning）である。

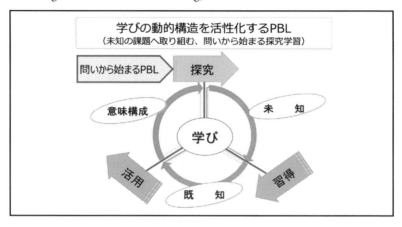

　問いから始まるという人間の自然な生き方に沿った学び（PBL）は、学習者の興味のある課題、社会に貢献できる課題などの本物の問いが、学びの意欲（好奇心、探究心）を呼び覚まし、未知への探究を起点に学びの歯車が動きだす。

　生徒は「探究」に必要と思われる知識・技能の「習得」に専念し、その知識・技能を具体的な課題の文脈に当てはめて実際に「活用」してみるのである。このように、問いから始まる学びは、探究⇒習得⇒活用という順に、学習者にとって必然性があり学習意欲をかき立てる「私の問い」を軸に学びのスパイラルは活性化し、学びに専心できるのである。

　今までの学校教育では、学問の体系性を最優先し、生徒にとって学ぶ必然性を感じられない学習単元を、生徒の興味関心と無関係に、また他の教科との関連性も考慮されずに、各教科の教科書（プログラム）通りに一斉教授することが当然視されてきた。

　第 1 章で見たように米国の PBL 実践校では、なによりも「学びたい」という生徒の興味関心が最優先されている。そこでは、生徒にとって学ぶ必然性のある生徒自身の「問いの探究」を軸（コア）として、学ぶ必要

のある教科学習（州の定めたスタンダードとしての知識・技能）が教師によって再構成され、探究活動の必要性に沿って教科の知識が学習されるのである。

　「学びから始まるカリキュラムイノベーション」の答の一つが、現在、米国のチャータースクール（公設民営学校：第15章参照）で主流になりつつある PBL という新しい学び（教育手法）といえよう。

第 *3* 節　PBLの特性と学習支援の留意点

　PBL の主な活動は、①探究課題（問い）の設定②必要な知識、情報、資料の収集や分析、各種調査の実施③解決案の模索、実装の試み、グループ協議による納得解に向けた合意形成④学習成果の発表⑤学びの振り返り（学習としての評価）である。

　では、探究的な学びである PBL には、従来の授業や学習と比較して、どのような特徴があるのだろうか。ここでは、米国で展開されている PBL の知見を参考にして、日本の小学校、中学校、高校の総合的な学習（探究）の時間に展開可能なプロジェクトベース学習を念頭に、この新しい学びの特徴と学習支援（学びのサポート）上の留意点を簡潔に記す。

○ 学びの自由の尊重：自生する学び

　PBL のスタートは、課題（問い）の発見・決定である。生徒自身興味があり、社会的意義もある課題をできる限り学習者自身が決定することが重要である。身近でやりがいのある課題を自己決定することで、プロジェクトそのものが「私の問い」を追求する「私の学び」という強い当事者性を獲得できる。学ぶ対象を選択できる自由、私の問いを探究する「学びの自由」が、学びの動機を高め、教師にさせられる勉強（勉めを強いる他律的学習）ではなく、PBL を主体的で自律的な「自生する学び（self-activation）」へと活性化するのである。

○ 問いのデザイン：課題の必要十分条件

　有意義なPBLを行うためには、探究学習の軸となる問いの設定の際に、サポーター役の教師の十分な配慮と助言が必要である。無論、問い（課題）の設定自体は、学習者自身が決めることが望ましい。しかし、PBLには、様々な様態（スタイル）が想定される。私なりに分類すると、①生徒の興味関心を優先して自由な課題設定を許容するプロジェクトベース学習、②身近な地域の課題からひとりひとりが問いを立てるフィールド指定型PBL、③社会的要請の高い課題（SDGsなど）から生徒が課題を選択する課題選択型PBL、④教師が学習する必要のある課題を事前に設定し、ある程度学習活動がデザインされているプロブレムベース学習（問題に基づく学習）など、PBLにも様々なバリエーションがある。

　それゆえ、PBLの問い（課題）の設定の際は、PBLの問い（課題）の本質的な要件として、学習者にとって「学ぶ意欲が湧く（自分ごとの）問いか」（必要条件）ともに、「学ぶ意義のある（社会とつながる）問いか」（十分条件）の両方の条件（必要十分条件）を満たした課題設定になっているのか、教師は十分に生徒に問いかけ確認する必要がある。

　更に、教師はプロジェクトが生徒にとって本気の活動（Hard-Fun）になるために、その問いは多様な解が生まれる問いか（開かれた問い）、現実

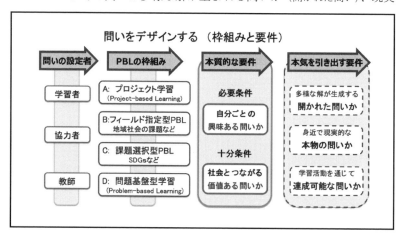

的で身近な問いか（本物の問い）、学習できる問いか（達成可能な問い）などの望ましい課題の要件も意識して、生徒にとってやりがいのある PBL へと問い（課題）の意味を広げ深める助言を行う必要がある。

○ 教師は、学びのサポーター

PBL では、教師は教授者ではなく支援者（サポーター）になる。教師の役割は、「教える」ことではなく生徒に「問いかけ」学びを促すことである。例えば、課題（問い）の設定の場面では、教師は生徒の興味関心を尊重しつつ、「その問いは、あなたやあなたの将来にとって、どんな関わりがありますか」「その問いは、地域社会にとって、どんな意味がありますか」という問いを投げかけ、探究学習の意義や課題の持つ社会的意味を生徒が深く考える機会を設ける必要がある。

また PBL では、生徒の学びはその過程で学校の教科書レベルの知識をしばしば越境していく。その際、教師は学外の専門家や専門機関と生徒をつなぐコーディネーターとなる必要がある。

更に教師には、生徒がプロジェクトを自律的に調整するためのルーブリック（学習目標を明確に記述した基準表）やポートフォリオ（学習の進捗状況を評価する資料）を共同設計する学習環境デザイナー、学外でのプロジェクト活動の安全確保のため同伴するパートナーなど、生徒の学びに並走しながら生徒の学びを様々な形で対話的に支援するサポーターになる必要がある。

○ 目的は、課題解決ではない

PBL は、課題解決が主目的ではない。課題解決学習と呼称することで、この種の混乱が見られる。PBL は、あくまでもプロジェクトを通じた「学習」である。PBL の本当の目的は、プロジェクト活動を通じた学び（知識・技能の習得や熟達、汎用的スキルの育成）であることを教師も生徒も自覚しておく必要がある。

現実の本物の課題の解決は容易にできるものではない。未知の課題（正解のない問い）に挑戦する探究学習では、教師が先回りして答を与えるこ

とはできない。本物の学びにおいては、学習者は、挫折や失敗を経験する。実は、プロジェクトの失敗の経験こそが、様々な学びの機会（チャンス）である。PBLは、「人は失敗から多くを学ぶ」という人生の真実を実感する本物の学びといって良いだろう。未知の課題に取り組むPBLにおいて教師には、「学校は失敗して良い場所」という本物の学びを包み育む母のような大らかな眼差しが求められるのである。

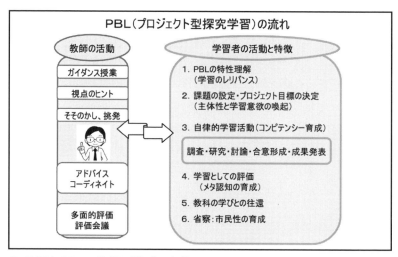

〇 教科とPBLの往還：学びの意義の再発見

　PBLでは、課題探究の過程において、様々な知識やスキル、見方・考え方を状況に合わせて多角的・複合的に活用する必要がある。例えば、学校近隣の河川の環境問題を探究する場合、水質調査や植生調査では、理科の知識やスキルが必要となる。また近隣住宅の生活排水の調査では、数学的な統計分析を用いて問題点をグラフで数学的に表現する必要もあろう。さらに課題解決に向けての提案では、河川管理自治体の条例調査などの社会科スキルを用い、提案作成では国語の見方・考え方を活用する場面も出てこよう。このようにPBLでは、テストのための知識や技能ではなく、課題を探究する（＝生きる）上での「ツールとしての知識や技能」の有用性を体験できる。

教科の学習内容（知識・技能）を教科の枠を超えてプロジェクトに関連づけることで、生徒は現実的な課題解決には、教科横断的に知識やスキルを用いる必要があることを実感し、一斉授業で見失いがちな教科学習の有用性に気づくことができる。PBLと教科学習を相互に往還させることは、生徒が見失いがちな学びの意義（レリバンス）を取り戻すシナジー効果（相乗作用）が期待できるのである。

○ 学習としての評価：学びに向かうマインド

　PBLでは、学習活動の評価・調整もできる限り学習者自身が行うことが望ましい。学習目標達成の規準（ルーブリック）やプロジェクト進捗評価の指標（ポートフォリオ）などを教師や仲間と共同で作成し、自らの活動を学習者自身が俯瞰的に客観視（メタ認知）するのである。活動状況の自己点検は、調査探究方法の選択性を高め、より良い納得解を生み出す可能性を高めるとともに、学習者のメタ認知力（自己評価能力や自己調整能力）を育成できる。

　PBLの設計（デザイン）において、生徒を学習としての評価活動に意識的に参加（評価基準の作成、評価基準の適用、相互評価など）させることで、生徒の常に成長を志向する態度（growth mindset）や多少の失敗では挫けない心（レジリエンス）を育成することは可能である。

○ 自律的学習活動：自立する学び

　従来の学びと比較して、PBLの最大の特徴は学習活動自体が生徒によって自律的（self-directed learning）になされることである。プロジェクトベース学習では、生徒は既存の知の受容者ではなく、自らの学習課題や学習活動を創り出し、知を構築する探究者として「学びの主役」の立場に置かれる。

　従来の学校教育では、知の伝達を目的として「先生の言う通りに理解しなさい」といった受動的学習が勧められた。しかし、知の創造を志向するこれからの教育では、「自分の考える通りにやってみなさい」という自律的な学習が推奨される。PBLでは、学習活動全体が生徒自身の

PDCA に委ねられるのである。そのために米国 PBL 実践校では、その自律的学習活動を支援するツールとして各種のルーブリックやポートフォリオが開発されてきている。

　子どもたちが「学びの主役」になれる新しい学びの姿を PBL という米国の学校で主流になりつつある教育手法を考察することによって見てきた。人は、強制されては学ばない。人が本当に学ぶのは、自律的経験によってである。人は、自律的な経験の緊張感の中で、その失敗によって、その反省によって、そしてその達成感によって、知性やスキルだけでなく人間性も含めて鍛えられ、成長（自立）していけるのである。

おわりに（日本の学校教育と PBL）

　それでは、生徒を学びの主役とする革新的な教育手法である PBL は、米国のチャータースクールのように全面的に日本の学校教育に導入することは可能であろうか。

　日本の学校教育を規定している学習指導要領が、今回の改定で各学校の裁量をある程度許容していることは、カリキュラム・マネジメントという用語によっても示されている。しかし、教科の学習内容、授業時数の規定を中心として、未だ拘束力の強い学習指導要領を考えると、現時点で日本の学校で、米国のチャータースクールのように教科の枠を取り払い、全面的に PBL を導入した革新的なカリキュラム編成を行うことは実質的に不可能である。

　その意味で、PBL の特性を理解した上で、日本の学校でも可能な「生徒が学びの主役」となる新しい学び（カリキュラムイノベーション）の可能性を第 15 章で、考察したい。

【参考文献】

上杉賢士　『プロジェクト・ベース学習で育つ子どもたち』
学事出版、2005 年

広石英記編著　『教育方法論』
一藝社、2014 年

リンダ・トープ他著　伊藤通子他訳　『PBL　学びの可能性をひらく授業づくり』

第 15 章
カリキュラムイノベーションへ

広石 英記

はじめに

　子どもたちが学びの主役となる教育手法であるPBL（探究学習）は、従来の教育と比較して、様々な特徴を持っていた。終章では、このPBLを全面的に取り入れた米国の新しい学校が、これからの日本の教育改革（カリキュラムイノベーション）にどのような示唆を与えているのか、生徒を「学びの主役」にする教育で本質的に大切なものは何かを考察する。その上で、日本の制度的枠組みの中でも可能な生徒を学びの主役にする教育改革の展望と、学びを支えるこれからの教師に必要なものは何かを考察する。

第 *1* 節　カリキュラムイノベーション 未来の学校

　第3章で紹介したように1990年代後半から、21世紀に必要な資質・能力の国際的検討が行われ、同時に新しい資質・能力を育成する革新的な教育手法が各国で開発されてきた。米国においては、伝統的教育（一斉教授）から脱し、特色ある教育を展開できる公設民営型のチャータースクール（Charter School: 以下CSと表記）が、急速に普及している。

　このCSは、選択できるもうひとつの学校として、ユニークな教育手法を教育関係者が計画立案し、州の法的基準を満たした場合に、公費を持って運営できる民営の学校である。1991年にミネソタ州で始まったCSは、2019年時点で、米国の40州に約7000校が開校され、生徒数も約320万人と公立学校全体の15%を超える勢いで急速に普及している。

　多くのCSは、それぞれ支援組織（NPO）を持っていて、独自のカリキュラムや教育方法を展開している。中でもミネソタ州にあるエドビジョン（Edvisions）系列校（小、中、高校）では、PBLが学校教育に全面的に採用され、数学以外の教科の授業は行われず、学校の時間割のほぼ全てをPBL（プロジェクトベース学習）で展開している学校である。

　筆者は、その代表校であるミネソタニューカントリースクール（以後MNCSと記載）へ幾度も調査訪問しているが、その度に自信に満ちて自ら

のユニークなプロジェクト（日本刀を一から作るなど）を私たちにプレゼンテーションしてくれる生徒の姿に深い感銘を受けている。

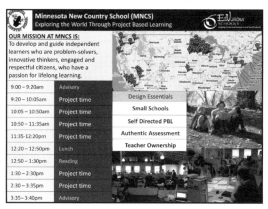

　2019年の秋の訪問では、弟が自閉症を患っている女子生徒が、精神疾患への理解を促すブックレットを作成するプロジェクトに取り組んでいることを紹介してくれた。自らが直面している難しい課題にあえて挑戦している彼女のたくましい姿に接し、MNCSの生徒が、自ら立てた課題（問い）に果敢に挑み、プロジェクトを通じて、課題に関する知識を広く深く理解していること、また活動を通じて様々な汎用的スキルや前向きな心（レジリエンス）を身につけていることを確信させられた。

　MNCSでは、生徒たちがプロジェクトを開始するにあたって「州の履修規準」（教科の知識・技能のスタンダード）と学校独自の「自律学習者の規準（汎用的スキル）」というふたつの規準（ルーブリック）が事前に生徒に提示され、その規準をクリアするように生徒のプロジェクトを教師がサポートする手法がとられている。このルーブリックは、いわば「私の学び」を旅する生徒の「地図やコンパス」の役割を果たしている。私の進みたい道（問い）を進む探究（冒険）の過程で、その活動（旅路）の意味や方向性を冷静に自己評価し、これからの探究的な学び（冒険の旅）の歩み方を自己調整する時に、アドバイザー（教師）の助言と共に、極めて有用なツールの役割を果たしているのである。

MNCS では生徒ひとりひとりの 3 年間の学びの展望の中で、複数のプロジェクトを通じて、州のスタンダードの全ての単位を取得させるというカリキュラムマネジメントが、アドバイザー (教師) と生徒の対話によって丁寧にデザインされていくのである。このようにして、MNCS では、PBL 特有の「私の問い」(学びの動機) の尊重と、州が求める「学習水準」(学びの質) の質保証というふたつの学習の要件を満たしている。

　米国では、従来型の個別教科の授業をやめて、生徒の興味関心のあるプロジェクトに沿って様々な学習を展開する PBL 実践校が、着実に増えている。自らの問いを探究するプロジェクトの過程で学習者には次々に関連する知識や技術の必要性が自覚され、それらを探究に関連付けることで具体的、実践的に知識や技能が習得されるように教師が学習をサポートしている。まさに生徒が学びの主役となっているのである。

　CS は、他の公立学校と同様に選抜入試は禁じられているので、学習障害を抱えた生徒など多様な学力水準の生徒が通学している。しかしその中でエドビジョン系列校は、ミネソタ州のスタンダードに応じた統一試験で、公立学校の平均よりもかなり高いスコアを出している。この質の高い学習成果が、この PBL 実践校の普及を後押ししているのである。

　生徒が学びの主役の学校 (MNCS) では、学校は「教わる空間」ではなく「学ぶ空間」、学校は「人生の準備期間」ではなく「人生を楽しむ時間」という教育哲学が息づいている。この新しい学校では、カリキュラムの意味は、「みんながやらなければいけない授業計画」ではなく、「私が自ら進んで取り組んだ学びの軌跡」なのである。

第 *2* 節　新しい学びの本質

　子どもが「学びの主役」となる教育手法のひとつとして、PBL という探究学習が注目されている。では、探究学習の持つ「学びの本質」とはなんであろうか。また、その学びの本質は、日本の今後の教育改革を構想するときに私たちに何を示唆しているのであろうか。

1.　創造する学び（意味生成の自由な学び）

　リアルな本物の課題を探究する学習には、多くの不確定要素がある。本物の課題に挑戦する探究学習では、課題（問い）自体にも複合的な問題や複雑な利害関心（第 14 章の河川環境の事例で言えば、生活廃水を出している近隣住民の利益と河川敷の緑を利用する人々の関心など）が内包されている。さらに、課題に対するアプローチの仕方や、課題解決の方向性も多角的である。すなわち探究課題に対する応答(納得解)は、無数にあるといえる。

　学びと創造のふたつの側面を持つ PBL では、学習の主体はプロジェクト参加者全員であり、そこで構成される新しい知（応答）は、個人の所有物ではなく、協同の創造物である。知はすでにあるものではなく、生み出されるものである。学習者は、自分の外側にある「答え（正解）」ではなく、自ら考え討論し、対話や思索を重ねることで自分の内側で生成する「応え(応答)」を創造しなければならない。正解ではなく納得解(合意解)を創造する「意味生成の自由な学び」が探究学習である。

　PBL（探究学習）では、学習参加者が創りだす「かかわり」（世界との対話、自分との対話、仲間との対話）が、新しい意味（考え）を生み出す。この学びのダイナミズムすなわち予測不可能で操作不能な出来事こそ、学びと創造の両面を持つ PBL の醍醐味である。

　その意味で、PBL（探究学習）は、常に教師の計画や学習者の意志を超える可能性を秘めている相互喚起的な学びである。それは、事前に学び

の内容を確定することが不可能な開放系の学びといえる。未知の課題に挑戦する本物の学び（探究学習）の意味は、プロジェクトの終了つまりは事後的にのみ反省的に概念化（記述）されるのである。

　既存の知を超えて、未だ存在しない知の創造を志向する探究的な学びで大切なのは、計画通りに進行することではない。探究学習で大切なことは、課題と深く関わり、仲間と共に真剣に議論し、当初予想もしなかった納得解や合意解を生み出すこと（創造）である。そしてなによりもその創造的実践の中で、様々な知識やスキルや心を鍛えることである。

　日本の教育改革を考えるとき、この「創造する」という学びの本質は、重要な教育的視座を与えている。既存の知の習得を重視していた従来の日本の学校で、知識と技能の活用を促し、さらに未知の課題を探究し「創造する学び」を本格的に導入するという事は、「学びの質的転換」を意味している。生徒の学びの質的転換には、それに寄り添う「教師の意識の転換」と「学校自体の質的転換」が必須の要件である。

　つまり、彼らの探究や創造に向かった学びを支援する際には、教師は、子どもたちの「課題選択の自由」「発想の自由」を尊重するとともに、なによりも子どもたちの学びの自由を見守る必要がある。創造的な実践は、順調になど進行しない。教師は、腹を据えて我慢強く並走する学びのサポーターに転身しなければならないのである。

2.　心が動く学び（生き方につながる学び）

　「自分ごとの興味ある課題」を「社会とつながる意味ある課題」として問いを広げ、探究に専心する学びは、「共生への知恵の出し合い」という色彩を持った学習である。生徒は現実的課題を探究する活動を通じて、身近な問題から世界の問題を考える洞察力、自分と社会の関わりを具体的に考える責任感、多様な価値観を持つ人々と共生していく見識（センス）などを身につける機会ができる。主体的な探究学習には、知とスキルと生き方をつなげる「人間性に関わる学び」が期待できる。

現実の複雑な課題を探究し、自分なりの応え（応答）を生み出す学びは、世界の多面性に気づき、対話を通じて自らの考えを批判的に省察することで、責任ある判断や行動の鍛錬ができる。PBLなどの探究学習は、自分と他者、あるいは自分と世界との関係を多角的に認識し、できる限り様々な問題に対して公正な判断ができる責任主体（市民）へと生徒が自己変容（成熟）できる可能性を持った学びといえよう。

　日本の教育改革を考えるときに、「心が動く」という学びの本質も、重要な教育的視座を与えている。知の習得を重視していた、従来の学校教育では、学び（自己変容）の感性的側面や価値観に関わる側面の考察が不十分だったのではないだろうか。本来、人間が学ぶ（自己変容する）ということは、見方が変わり（知性）、感じ方が変わり（感性）、生き方が変わる（人間性）人間の全面的な変容を意味しているはずである。未知の課題を仲間と共に探究し、自分たちなりの納得解（応答）を生み出す探究学習は、「心が動く学習」である。その意味で、探究学習は、人間的な学びの復権であり、生き方につながる学びの復権である。

　学習者の協働性や創造性を信頼した新しい学びによって、より良い自己やより良い世界を望む「前向きな心」を育成することは可能である。この小さな自己変容（成長）の積み重ねが、世界の様々な課題から目をそらさず、仲間と協力して責任ある生き方ができる「未来の市民」を育てていくと信じたい。探究学習は、社会に開かれた教育課程を日本の学校教育で実質化する教育手法であり、未来を創る小さな市民の知性、感性、人間性を含めた全人的な教育を担える新しい学びと考えられる。

第 *3* 節　日本におけるカリキュラムイノベーション

　米国の学校教育で実績を伸ばしているPBL（探究学習）は、子どもたちが未知の課題に挑戦し、自由で主体的な学習活動を通じて、知とスキルと人間性という全人的な資質・能力を育成できる教育手法であった。

では、中央集権的教育行政という制度的限界を持つ、日本の学校教育において、「学びを支える教育」への転換は、いかに構想できるのであろうか。日本流の学び方改革（カリキュラムイノベーション）を実現するためには、「生徒を学びの主役」と考える教育哲学を学校関係者が共有し、生徒の学びの軌跡である3年間のカリキュラムを学校全体で構想することからはじめられよう。

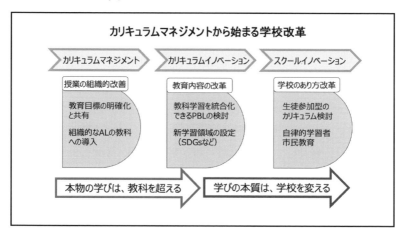

　その構想を簡潔に述べると、第1に、学校の関係者（管理職、教員、保護者、生徒および地域の人々）が、十分に協議を重ね、これからの未来を創る生徒に求める資質・能力を明らかにし、その具体的教育目標を共有すると共に、その育みたい資質・能力の育成に適した様々な能動的学習（主体的・対話的で深い学習）を、教師個人ではなくチーム学校として組織的に教科教育に導入する。（カリキュラム・マネジメントによるALの組織的導入）

　第2に、地域の課題や地域のリソースを考慮して、能動的な教科学習と十分に連携できる教科・領域横断的な探究学習（プロジェクトベース学習）を各学校の教育目標を軸として学校全体で構想する。（教育目標を軸として教科学習とPBLを往還させるカリキュラムイノベーション）

　第3には、未来を創る小さな市民に必要な民主的経験の場として、生徒も参加した学校運営（学校行事の企画など）を図ると共に、学校運営に

生徒や保護者、地域の方々が参加できる開かれた学校運営協議会を実質化する（生徒参加型のスクールイノベーション）という中期的取り組みである。

学校の教育目標（生徒の成長した具体的イメージ）を明確化した上で、教科学習も教科外学習も、学校運営もその目標に向かって再構成するカリキュラム・マネジメントは、生徒を学びの主役とする新しい学校の姿を探求する、学校関係者を巻き込んだプロジェクトでもある。

生徒の学びを中核（コア）として学校のすべての活動を再設計（リデザイン）することによって、学校は、その教育目標と整合した能動的学習を組織的に展開でき、生徒の3年間の学び（の軌跡）は、「未来を創る小さな市民の育成」という一貫性を獲得することが期待できる。本物の学びを追求することは、教科の枠組みを超えたカリキュラムを展望させ、生徒の本物の学びを探究することは、学校を変える力を持っているのである。

おわりに（学びのプロとしての教師）

学校における学びの真髄は、豊かなコミュニケーション的活動による「関係の豊かさ」である。教師や仲間、豊かな教材がある学校（学び舎）における学びは、ひとりひとりがバラバラな勉強ではない。教師の仕事は、単に教えることではない。大切なのは、生徒の学びをサポートすること、子どもたちがより豊かでより幸せになるために彼らの自己変容（成長）を助けることである。

私たちの学びを支援する営みによって、子どもたちは、日々の授業や学校の様々な活動を通じて、未知なる新しい世界（文化）と出会い、学ぶことの喜びや素晴らしさを体験する。その豊かな経験によって自己変容し、更に広い世界へと関わってゆける力や希望を身に付ける。

そしてこの「学ぶという生き方」の手本を示す本来最適の人物が「学びのプロである教師」である。教師自身も常に文化をリアルな現実の中で「分かり直す」「学び直す」人であり、教師が世界のおもしろさ（文化

や科学の知的醍醐味）を「生徒と共に学び続ける者」になったときに、その姿に触発された生徒たちの学びは、より真剣なものとなる。

　だからこそ教師には探究学習（PBL）という新しい学びに携わりながら常に生徒との相互作用という実践から学び、新しい実践を創り出す「反省的実践家」であることが強く求められる。

　なによりも私たち教師ひとりひとりが真剣に学ぶ姿、人生を楽しむ姿を生徒に見せる事が大切である。大人になる希望、すなわち、未来への希望を、自らの生き方を通じて生徒に見せることが、教師の本分である。すなわち、子どもたちの学びに関わるには、「教師を生きる覚悟」が必要である。

【参考文献】

ロナルド・J・ニューエル著　上杉賢士、市川洋子訳　『学びの情熱を呼び覚ますプロジェウト・ベース学習』
学事出版、2004 年

上杉賢士　『プロジェクト・ベース学習で育つ子どもたち』
学事出版、2005 年

図　コアカリキュラム対応表

		第1章	第2章	第3章	第4章	第5章	第6章	第7章	第8章
教育の方法および技術（情報機器および教材の活用を含む）	これからの社会を担う子どもたちに求められる資質・能力を育成するために必要な、教育の方法、教育の技術、情報機器および教材の活用に関する基礎的な知識・技術を身につける。								
(1) 教育の方法論	これからの社会を担う子どもたちに求められる資質・能力を育成するために必要な教育の方法を理解する。	○	○	○		○	○	△	△
(2) 教育の技術	教育の目的に適した指導技術を理解し、身に付ける。						○	○	○
(3) 情報機器及び教材の活用	情報機器を活用した効果的な授業や情報活用能力の育成を視野に入れた適切な教材の作成・活用に関する基礎的な能力を身に付ける。						△	△	
教育課程の意義及び編成の方法（カリキュラム・マネジメントを含む）	学習指導要領を基準として各学校において編成される教育課程について、その意義や編成の方法を理解するとともに、各学校の実情に合わせてカリキュラム・マネジメントを行うことの意義を理解する。								
(1) 教育課程の意義	学校教育において教育課程が有する役割・機能・意義を理解する。	△	△	△	○	△			△
(2) 教育課程の編成の方法	教育課程編成の基本原理及び学校の教育実践に即した教育課程編成の方法を理解する。		△		○	○			△
(3) カリキュラム・マネジメント	教科・領域・学年をまたいでカリキュラムを把握し、学校教育課程全体をマネジメントすることの意義を理解する。				△	△			
総合的な学習の時間の指導法	総合的な学習の時間は、探究的な見方・考え方を働かせ、横断的・総合的な学習を行うことを通じて、よりよく課題を解決し、自己の生き方を考えていくための素質・能力の育成を目指す。								
(1) 総合的な学習の時間の意義と原理	総合的な学習の時間の意義や、各学校において目標及び内容を定める際の考え方を理解する。			△	△		△		△
(2) 総合的な学習の時間の指導計画の作成	総合的な学習の時間の指導計画作成の考え方を理解し、その実現のために必要な基礎的な能力を身に付ける。								
(3) 総合的な学習の時間の指導と評価	総合的な学習の時間の指導と評価の考え方および実践上の留意点を理解する。								
教職入門		○			△	△	○	○	△
教育学概論		△	○	○	△				
教育心理学								△	○

本書は、大学における教職課程開講科目である「教育の方法と技術」「教育課程論」「総合的な学習の時間の指導法」の教科書を想定して構成されています。また、「教職入門」「教育学概論」「教育心理学」の参考書としての機能もあります。教職課程での各授業で本書を活用される際には、教職課程コアカリキュラム対応表を参照していただき、適宜、授業内容に合わせて該当の章をご使用ください。

	第9章	第10章	第11章	第12章	第13章	第14章	第15章
教育の方法および技術（情報機器および教材の活用を含む）	これからの社会を担う子どもたちに求められる資質・能力を育成するために必要な、教育の方法、教育の技術、情報機器および教材の活用に関する基礎的な」知識・技術を身につける。						
（1）教育の方法論 これからの社会を担う子どもたちに求められる資質・能力育成するために必要な教育の方法を理解する。	△	○		○	○	○	○
（2）教育の技術 教育の目的に適した指導技術を理解し、身に付ける。	○	△			△	△	△
（3）情報機器及び教材の活用 情報機器を活用した効果的な授業や情報活用能力の育成を視野に入れた適切な教材の作成・活用に関する基礎的な能力を身に付ける。	○				△		
教育課程の意義及び編成の方法（カリキュラム・マネジメントを含む）	学習指導要領を基準として各学校において編成される教育課程について、その意義や編成の方法を理解するとともに、各学校の実情に合わせてカリキュラム・マネジメントを行うことの意義を理解する。						
（1）教育課程の意義 学校教育において教育課程が有する役割・機能・意義を理解する。		△	○	△	△	△	○
（2）教育課程の編成の方法 教育課程編成の基本原理及び学校の教育実践に即した教育課程編成の方法を理解する。	△	△	○				△
（3）カリキュラム・マネジメント 教科・領域・学年をまたいでカリキュラムを把握し、学校教育課程全体をマネジメントすることの意義を理解する。	△		○				
総合的な学習の時間の指導法	総合的な学習の時間は、探究的な見方・考え方を働かせ、横断的・総合的な学習を行うことを通して、よりよく課題を解決し、自己の生き方を考えて行くための素質・能力の育成を目指す。						
（1）総合的な学習の時間の意義と原理 総合的な学習の時間の意義や、各学校において目標及び内容を定める際の考え方を理解する。			△	○	△	○	○
（2）総合的な学習の時間の指導計画の作成 総合的な学習の時間の指導計画作成の考え方を理解し、その実現のために必要な基礎的な能力を身に付ける。					○		△
（3）総合的な学習の時間の指導と評価 総合的な学習の時間の指導評価の考え方および実践上の留意点を理解する。	○			○		△	△
教職入門		△	△	△		△	△
教育学概論		○	△		○	○	△
教育心理学							

編著者紹介

広石　英記（ひろいし・ひでき）

1960 年生まれ

1990 年　慶応義塾大学大学院 社会学研究科 教育学専攻 博士課程満期退学

現在：東京電機大学人間科学系列教授、日本 PBL 研究所理事、日本私学教育研究
　　　所特別招聘研究員

専攻：教育学（教育哲学、教育方法学）

主要図書：『教育の共生体へ』（分担執筆）東信堂、『経験の意味世界をひらく』（共編
著）東信堂、『教育関係の再構築―現代教育への構想力を求めて』（分担執筆）東信堂

執筆者紹介

広石英記（ひろいし・ひでき）（まえがき・第 1 章・第 3 章・第 14 章・第 15 章）
【編著者紹介】参照

馬上美知（まがみ・みち）（第 2 章）

1975 年生まれ

2011 年　東京大学大学院 教育学研究科 博士課程満期退学

現在：成蹊大学教職課程 准教授

専攻：教育学（教育哲学、教育思想）

金馬国晴（きんま・くにはる）（第 4 章・第 5 章）

1973 年生まれ

2002 年　東京大学大学院 教育学研究科 博士課程満期退学

現在：横浜国立大学 教育人間科学部 教授

専攻：教育学（カリキュラム論、生活科、総合学習）

杉能道明（すぎの・みちあき）（第 6 章）

1966 年生まれ

1986 年　岡山大学教育学部卒業

現在：ノートルダム清心女子大学 人間生活学部 准教授

専攻：算数教育、教育実践学

栗田正行（くりた・まさゆき）（第 7 章）

1976 年生まれ

1999 年　日本大学 理工学部 数学科 卒業

現在：市原中央高校数学科専任教諭として勤務しつつ、教育実用書著者として著
　　　作を多数もつ。

専攻：算数・数学教育、代数幾何学

伊藤貴昭（いとう・たかあき）（第 8 章）

1977 年生まれ

2008 年　慶應義塾大学大学院 社会学研究科 教育学専攻 博士課程満期退学

現在：明治大学文学部 准教授

専攻：教育心理学

今野 貴之（こんの・たかゆき）（第 9 章）

1983 年生まれ

2012 年　関西大学大学院 総合情報学研究科 博士課程後期課程 総合情報学専攻 修了

現在：明星大学教育学部 准教授

専攻：教育工学（教師教育、授業研究）

遠藤貴広（えんどう・たかひろ）（第 10 章）

1977 年生まれ

2007 年　京都大学大学院 教育学研究科 博士後期課程 研究指導認定退学

現在：福井大学大学院教育・人文社会系学部門 准教授

専攻：教育学（カリキュラム論、教育評価論）

浅野信彦（あさの・のぶひこ）（第 11 章）

1972 年生まれ

2003 年　筑波大学大学院 博士課程教育学研究科 単位取得満期退学

現在：文教大学教育学部 教授（2020 年 4 月より）

専攻：教育学（カリキュラム研究、教師教育）

酒井達哉（さかい・たつや）（第 12 章）

1964 年生まれ

2016 年　武庫川女子大学大学院 臨床教育学研究科 博士後期課程単位取得退学

現在：武庫川女子大学教育学部 准教授、博士（教育学）

専攻：教育学（生活科・総合学習）

林　寛平（はやし・かんぺい）（第 13 章）

1981 年生まれ

2011 年　東京大学大学院 教育学研究科 博士課程単位取得退学

現在：信州大学大学院 教育学研究科 准教授、ウプサラ大学 教育学部 客員研究員

専攻：比較教育学、教育政策学、教育行政学

学びを創る・学びを支える
— 新しい教育の理論と方法 —

2020年3月15日　初版第1刷発行
2021年5月10日　初版第2刷発行

編著者　広石 英記

発行者　菊池 公男

発行所　一藝社
〒 160-0014　東京都新宿区内藤町 1-6
Tel. 03-5312-8890　Fax. 03-5312-8895
E-mail : info@ichigeisha.co.jp
HP : http://www.ichigeisha.co.jp
振替　東京 00180-5-350802

印刷・製本　モリモト印刷（株）
©Hideki Hiroishi 2020 Printed in Japan
ISBN 978-4-86359-212-4 C3037
乱丁・落丁本はお取り替えいたします

編集協力・装丁　本田いく